高等院校经管类通用会计系列教材

会计学案例

（第三版）

主　　编　张其秀
副 主 编　于团叶

上海财经大学出版社

高等院校经管类通用会计系列教材

会计学案例

（第三版）

主　　编　张其秀
副 主 编　于团叶

上海财经大学出版社

第三版前言

《会计学案例》是在我国《企业会计准则》颁布后编写并陆续出版的经管类会计通用会计系列教材之一。本教材内容翔实,深入浅出,通俗易懂,适合于应用型本科院校的会计专业教学及辅助配套学习之用。随着近年我国市场经济的日趋成熟发展,财政部陆续出台了有关会计处理补充修正条例。因此,我们再次对本教材进行相应的修订与完善,使之及时反映当前我国企业会计核算体系基本理论与实务,以更好地满足应用型本科院校会计教学及自学读者不断更新知识的需求。

本书的修订与完善主要体现在以下几方面:

1. 根据近年来我国财政部陆续发布的《企业会计准则》有关规定条例,修改调整了相关案例的会计处理方法,使之更符合现行企业会计实务方法应用。

2. 增加了税务会计部分的营改增及税务筹划案例,使之体现我国当前税制改革现实,以便学生及读者在自我学习过程中的理解与运用。

3. 增加了综合案例部分的延续性问题思考,以供学生与读者做进一步跟踪调查和分析研究,加深对相关案例问题的理解与思考。

4. 补充更正了教材中个别章节有关内容与文字的疏漏之处。

参加本书第三版修订编写工作的有张其秀等。

衷心感谢广大读者对本书的支持与厚爱,并恳请各位对本书不足之处予以批评指正。

编 者

2018 年 1 月

前　言

时代在前进,经济在发展,会计在变革。2006 年新会计准则的颁布,在中国的会计发展史上又翻开了崭新的一页。较之以前的每次会计准则的修订,这次新准则有很大的突破,表现出"理念新、全面性、借鉴性、国际趋同性"的特点,即:新准则强化了为投资者和社会公众提供决策的有用会计信息的新理念;首次构建了比较完整的有机统一体系;为改进国家财务报告准则提供了有益借鉴;实现了与国际会计惯例的趋同。随着 2007 年新会计准则的付诸实践,我国会计向国际化又迈出了实质性的一步。

发展是永恒的主题,会计的不断发展完善要求会计教育也能不断地随之改革发展。作为长期从事会计教育的工作者,我们有一种职业的使命感,希望能不断地将全新的知识传授给学生,尤其是面对会计的日新月异的变化,我们应该与时俱进,跟上时代的节拍,不断地调整会计教育知识体系,改革教学方法,因材施教,不断更新教材,力求以最早、最快、最新的知识呈现在学生的面前,使之成为新时代的有用之才。

在国际上被誉为"哈佛教学法"的 Case Study(案例研究),其实是会计教学内容和教学方法的一场新革命的产物,这种案例教学法以生动活泼的实际背景证实抽象的定义、原理,以形象思维映衬形式逻辑,使得枯燥的概念变为生动的故事,使单调的数字变为跳跃的音符,使呆板的报表变为多彩的窗口。大量事实证明:案例教学法能使沉闷的会计学变为生动且充满情趣的艺术,不失为一种行之有效的教学方法,尤其对 MBA 的会计教学而言,案例教学具有更强的理解性与应用性。因此,案例教学法已在国际会计教学上被普遍采用,很值得我们借鉴与仿效。

国外的会计案例,由于其编写背景、思维方式和解决问题的方法都与我国的国情有很大的差别,如果采用国外案例,其经济、文化背景及市场环境的差异性,会使案例教学法的效果打一定的折扣,因而尽快编写一本既能体现我国现行实务及新会计准则,又能与我国现有高教体系相匹配并符合我们自己的思维方式的会计教学案例已迫在眉睫。

实践证明,以推广会计案例教学法作为解决会计人才培养中的实际操作能力问题的一项积极措施已越来越受到会计教育界、实务界专家及会计人才市场的认可。

本书是我们在新会计准则的指导下编写的一套全新的面向经管类专业的会计通用系列教材之二——《会计学案例》。全书结构分为两大部分:

第一部分为会计教学案例,主要根据现代企业会计的三大分支,即财务会计、管理会计及税务会计,以新会计准则及税收政策法规和条例为依据,按会计学的基本体系为顺序,设计采编了一些小案例,以便读者较系统地理解会计学的基本理论及核算方法。

第二部分为综合案例分析,主要收集了我国一些上市公司的典型案例资料,结合新会计准则实施前后的一些上市公司会计信息披露问题进行分析点评,以便读者掌握财务报表分析的基本方法,更深入全面地了解企业的经营成果与财务状况。

我们力求使本书突出以下特点:第一,时代感。本书及时运用新会计准则,反映我国当前会计理论与实务的最新发展,尤其是第二部分内容,大部分选用的是我国大型上市公司在2007年首次运用新会计准则后的财务报表资料,并进行了较深入全面的分析与评价。第二,系统性。全书的案例设置体系保持了会计的系统性、连续性与完整性,由浅入深,循序渐进,逐一按顺序对整个会计学基本理论与方法进行实例讲解。第三,通用性。本书通俗易懂,适用面广,尤其是第一部分中的会计教学案例,短小精悍、生动形象,便于理解。

本书既可作为高等院校经济管理类会计专业及其他专业各层次学生主修、选修会计的辅助配套教材,尤其适合于MBA的会计案例教学,也可供其他有志人士自学会计之用。

在本书的整个构思与编写过程中,我们融入了自己多年的教学积累与研究成果。同时,在运用会计理论及实务方法对案例进行分析与点评时,也受到了一些曾使用过的教科书及中西方经典会计名著中的会计思想的启发与影响,尤其是对新会计准则的理解与运用更是得益于此。在此,谨向这些文献资料的原作者表示深切的谢意。

本书由张其秀担任主编,负责制定全书框架结构及编排目录章节,并撰写部分案例,副主编为唐伟、孙化成、于团叶,其他编写成员为:张延洁、杨柳、杨蒙莺。另外,提供本书部分初稿内容的还有硕士研究生程婧、李国文,及参加部分资料收集的硕士研究生程亭亭、徐婧等。一些MBA学员参与了本书部分会计案例讨论,为本书编写提供了素材,他们是:陈荣美、张凯、匡雄华、陈军、濮群华、陈晨、孙维彬、赵学军、彭彦丽、莫海强、刘青哥、孟建国、马洁、吴勇、吴伟、谢海涛、乔云声、吴涛、冯芳、毛恩权、胡君浩、李婷、岑国兴、袁嫣颖、邱伟、陈彦忠、姚洪辉、李先管、虞益舜、刘松林、蔡志军、杨正辉等。全书由张其秀整理、统编、总纂。

同济大学经济与管理学院领导、会计系刘威主任对本书的编写与出版,给予了热情鼓励与大力支持。上海财经大学出版社为本书出版提供了全力支持与热情帮助,尤其是责任编辑认真、负责、严谨的工作态度,为本书的定稿提出了许多宝贵意见,使本书得以保证质量并顺利、如期出版。在此,一并表示由衷的感谢。

尽管我们从一开始就力求将本书编写得富有创意、深入浅出、图文并茂,然而,终因限于水平,加之仓促成书,书中难免会有不足之处或疏漏之处,有待于再次的修正与完善,也恳请读者批评与谅解。

张其秀

2009年3月

目　录

第一部分　会计教学案例

第一篇　财务会计

第二篇　管理会计

第三篇　税务会计

第二部分　综合案例分析

第一部分

会计教学案例

第一篇　财务会计

第一章　会计理论

第一节　会计信息

案例 1.1　会计信息：决策的依据

【背景资料】

李老师在本市某著名大学经济管理学院从事会计教学，他的学生有本科生、研究生及MBA等不同层次，其中有4位学生是他的得意门生。毕业多年后，他们目前分别从事不同的职业：

第一位是自由职业者，并热衷于股票投资；

第二位目前在一家证券公司谋职，做代理股票买卖经纪人；

第三位受资产经营公司的委托担任某上市公司董事；

第四位是记者，担任某证券报的股票投资专栏的撰稿工作。

在一次春节聚会上，李老师遇到这4位学生，知道他们都以不同的身份活跃于股票市场，话题自然谈到了股市，由于前一年我国股市出现了前所未有的火暴行情，他们每个人都以自己的方式获得了很大的业绩，收益可观。当李老师出于职业的习惯，问及投资者应如何在股市中操作，是否要充分利用会计信息做投资决策时，他们的回答分别是：

第一位(个人投资者)：平时炒股主要凭直觉，基本不看会计信息。

第二位(证券经纪人)：主要根据股价涨跌的规律做技术分析来进行股票买卖操作，偶尔也看看上市公司披露的会计信息。

第三位(上市公司董事)：关键是获得公司的各种内部信息，至于财务报表披露的信息是否重要则很难说，仅作为参考而已。

第四位(投资专栏记者)：上市公司的财务会计信息对股票投资非常重要，尤其是对长期投资者而言，公司的基本面是决定企业市场价值的主要因素。

【问题思考】

1. 李老师的4位学生各自的观点正确吗？为什么？
2. 你认为目前我国的会计信息的可信度如何，请说明理由。

【准则依据】

《企业会计准则——基本准则》第二章:会计信息质量要求。

【参考提示】

会计作为一种信息系统,能够提供给决策者相关的信息,从而使会计信息使用者根据相关的会计信息做出相应的决策。由于会计信息使用者的目的不同,会计信息使用者会从企业所有的会计信息中选取自己需要的会计信息,并根据自己的判断做出相应的决策。

会计信息对不同的使用人(如内部管理者、股东、债权人、企业其他利益相关者等)具有不同的参考价值,并为这些不同的会计信息使用者提供决策的基础。一般而言,股东(投资者)、债权人、企业的经营管理者更关心会计信息,他们是会计信息的主要使用者。他们通过公司会计报表披露的信息,了解公司的财务状况和盈利情况,并进行分析和预测,据此对自己的投资、融资及经营等重大事项进行决策。

【分析点评】

案例中的 4 位同学由于所处的位置不同,对于会计信息对股票投资的作用分别提出了自己的看法,反映对事物的不同认识观,在目前市场的不同群体中颇具代表性。

第一位作为个人投资者,由于信息的不对称,获得的信息较少,公开的会计信息可能是个人投资者获得信息的主要渠道,但由于股价与上市公司的会计信息在很多情况下并没有必然联系,而且有时候甚至是背离的,因此,个人投资者更多的是凭直觉炒股,他们很少甚至根本不看上市公司的会计报表。

第二位同学由于是代理股票买卖的证券公司经纪人,他必须不断关注股市的变动,并做出及时的判断,根据判断进行股票交易,否则就会丧失机遇,所以,会计信息对这种日常的股票买卖没有太多的帮助。但作为代理股票买卖的证券公司经纪人,除了分析股价涨跌的规律,在决定对某一股票进行投资时,他还必须对公司的基本面进行研究。因此,会计信息对他来说,有时还是很重要的。

第三位作为上市公司的董事,他更关心的是公司的整个经营情况。公司的整体运行情况及财务状况,作为公司的董事是很了解的。从目前中国的股市运行情况看,股价的涨跌有时会受到公司内部事件的影响,如资产重组、并购分立及人事变动等问题。因此,他会认为内部消息比财务会计信息更重要。

第四位是证券报的股票投资专栏记者,他必须客观地对上市公司进行评价,不能根据一些未公开发表的消息来对上市公司做出公开评价,而上市公司公开发布的会计信息,是他对上市公司做出评价的主要依据,通过分析通用报表数据来给公众提供建议。因此,他认为会计信息对股票投资很重要。

综上所述,由于目前我国股票市场不太规范,股价的变化与公司的会计信息所反映的公司经营状况的好坏往往没有太直接的联系,从而使投资者认为公司的会计信息对炒股票没有太大的联系。同时，由于信息的不对称，使得一些中小投资者更迷信公司的内部消息，加上一些机构的人为炒作，从而导致股市不能反映国家经济的变化。但从长远来看，随着市场越来越规范，上市公司的股价必将由业绩决定，会计信息的决策有用性一定会越来越体现出来，并且真正成为投资者的决策基础。

（撰稿：张其秀）

第二节　会计道德

案例 1.2　新会计师的困惑

【背景资料】

李明是一名会计专业本科毕业生，早在大学期间就踌躇满志，立志将来要做一名CPA，因此，他勤奋读书，并陆续努力地参加CPA的各门考试。毕业后李明顺利进入了一家公共会计师事务所工作，进一步为实现自己的职业会计师梦想而努力。

然而，过了不久，李明发现自己处于一个两难的境地。因为他发现了公司客户的财务记录中存在一些违规行为。他不能确定这些违规行为是公司员工粗心大意的结果还是故意采取的步骤以掩饰有问题的经济活动。他把这个情况告知了上司，而上司却暗示他应该忽略这些问题。上司的回答是："这些事情经常发生，通常都很轻微，我们要在一个时间紧迫的期限内完成任务，所以我们只要着眼于我们的目标，在月底之前完成工作就好。"

李明觉得很困惑，不知应该如何处理这件事，是按上司的旨意去做而忽略这些问题，还是应该恪守会计职业道德，公正、客观地履行自己的职责？

李明觉得现实与理想总是存在差距，他甚至觉得自己不适合从事会计这项工作。

【问题思考】

1. 如果你处于李明的位置，你会怎么做？

2. 你认为作为一名职业会计师，最重要的是什么？

【准则依据】

1.《中华人民共和国会计法》。

2.《中国注册会计师职业道德基本准则》第四条：注册会计师应当恪守独立、客观、公正的原则。

【参考提示】

作为一名职业会计师，恪守会计师的职业道德是非常重要的，其中如何把握道德准则与个人利益有时甚至是个人生计问题之间的平衡，常常会使每一名会计师感到困惑。对此，道德责任感应该是一名有良知的职业会计师所追求的最高境界。　（撰稿：张其秀）

案例 1.3　老会计师的妥协

【背景资料】

老王是从事多年会计工作的老会计师，近年受聘于睿智照明器材股份有限公司，任财务部主任。2010 年 12 月，公司获得了一项二极管专利，预计该专利可在未来的一两年里为睿智公司带来非常可观的利润。与此同时，由于营运资金短缺而面临财务困难，公司甚至很有可能无力偿付一张即将到期的汇票。

临近年底，公司总经理几次找到老王，要求老王把几张应付的账单藏起来，暂时不要入账。老王不同意，因为这些账单显然应当记入当年的负债和费用。然而总经理一再坚持把这些账单必须拖到下一年再入账，他预计下一年他能够筹到一笔额外的资金。老王一次次地拒绝了总经理的要求，并向公司其他几位高层管理人员陈述了自己的观点。但是老王最终还是没能顶住压力，顺从了总经理的旨意。

【问题思考】

1. 老王遵守了会计职业道德了吗？

2. 如果那项专利并未像预计的那样为公司带来可观的利润，而公司最终因资不抵债而破产的话，老王能够以“总经理授意、强令”而免责吗？

【准则依据】

1.《中华人民共和国会计法》。

2.《中国注册会计师职业道德基本准则》第四条：注册会计师应当恪守独立、客观、公正的原则。

【参考提示】

1. 老王违背了会计职业道德中的会计人员应当诚实守信、客观公正、坚持准则的要求。

2. 总经理的要求违反了《会计法》第四条“单位负责人对本单位的会计工作和会计资料的真实性、完整性负责”以及第五条“任何单位或者个人不得以任何方式授意、指使、强令会计机构、会计人员伪造、变造会计凭证、会计账簿和其他会计资料，提供虚假财务会计报告”的规定。

《会计法》的这些规定并没有减轻会计人员在会计行为中的法律责任，而是增大了和明确界定了会计人员在会计行为中的法律责任。首先，在现实中，会计人员中有相当一部分人存在着违反《会计法》第四十二条规定的情况，至今仍未引起足够重视。对这些行为应承担的法律责任，《会计法》第四十二条、第四十三条、第四十四条都做出了明确规定。其次，会计人员作为会计机构的主体，在从事会计行为的过程中，若有违反《会计法》规定的，不管是主观或客观因素引起的，都将作为直接责任人员而承担应有的法律责任。

（撰稿：杨蒙莺）

第二章　资　产

第一节　货币资金

案例 2.1　货币资金安全与内部控制

【背景资料】

某上市公司出纳李某担负资金收付的工作，但他采取偷盖公司银行印鉴和法人章及使用作废的和没有登记的现金支票等方法挪用资金。由于所有的银行单据和银行对账单也都由他一手经办，因此使得他得以作案长达 6 年，却一直没有被察觉。审计部门曾经对该上市公司的财务状况多次审计，但一直没有发现李某挪用资金的问题。在近 6 年期间，李某先后挪用 4 000 多万元用于炒股，给单位造成损失 1 237.8 万余元。最终，东窗事发，法院以挪用公款罪和挪用资金罪，判处李某 18 年有期徒刑。

【问题思考】

1. 讨论该上市公司在货币资金控制制度上可能存在的漏洞。

2. 近几年类似的真实案件不断发生，且屡次发生巨额贪污没有被单位领导察觉，从中我们应吸取哪些教训？

【准则依据】

《内部会计控制规范——货币资金（试行）》第六条：单位应当建立货币资金业务的岗位责任制，明确相关部门和岗位的职责权限，确保办理货币资金业务的不相容岗位相互分离、制约和监督。出纳人员不得兼任稽核、会计档案保管和收入、支出、费用、债权债务账目的登记工作。单位不得由一人办理货币资金业务的全过程。

【参考提示】

1. 货币资金是流动性最强、控制风险最高的资产，企事业单位的货币资金遭挪用、贪污和诈骗等案件的发生与单位的货币资金内部控制不健全或未能有效执行有密切关系。案例中该上市公司在货币资金控制制度上可能存在的漏洞有：

（1）不相容职务未能有效分离。从不相容职务分离来说，由出纳来领取银行对账单是大忌，因为出纳本身负责货币资金保管和收支，如果再由出纳来负责领取银行对账单、编制银行存款余额调节表，出纳就有可能挪用或侵占企业货币资金，并通过伪造对账单或在银行存款余额调节表上做手脚来掩盖自己的舞弊行为。

(2)银行账户管理失控。这方面的问题主要有：银行开户数量过多，各账户情况无统一记录；银行账户的开立、核销随意，缺乏必要的授权批准程序；对各账户余额无统一的定期检查及核对制度；银行印鉴未能妥善保管。案例中李某可以偷盖印鉴，就暴露了印鉴管理的漏洞。从完善内部控制角度来讲，企业对银行账户开户、变更及撤销应建立明确的申请批准程序，并予以书面记录，对长期不使用的账户应予以核销，同时银行印鉴应分开保管。

(3)票据单证保管不善，使用情况缺乏必要记录和检查。企业对于有价票据及空白单证如果疏于管理，就会被“有心之人”加以利用，例如，案例中李某就是利用作废、未登记的支票进行作案。因此，应严格票据的日常保管，票据的使用和流转应书面记录，对作废票据应予以妥善处置。

(4)检查、核对机制缺失。账账核对、账实核对是防范及发现货币资金舞弊的重要控制手段，企业应由负责账物保管和记录以外的人员进行定期和不定期的检查、核对。如果企业财务或审计人员做到这一点，那么即便有人伪造银行对账单，审计人员也能通过函证及早发现存在问题。

2. 这些案例的发生其实都与单位内部控制失灵有关。现代审计理论提出，审计工作重点应由先前的事后监督转为事前服务为主，促使审计对象加强内部控制，确保经济运行安全。结合上述提出的可能造成公司货币资金制度不完善的因素，企业应重视内控建设、健全牵制稽查制度、规范各类票据管理、加强人员培训轮岗等。实际上，大多数犯罪分子采用的手段并不高明和有多巧妙，只要控制到位，悲剧就完全能够避免。

(撰稿：沈培培)

案例 2.2 货币资金合理持有量

【背景资料】

A 公司开业之初，由其开户银行核定的库存现金金额为 4 000 元。随着 A 公司业务量越来越大，公司财务部发觉 4 000 元的库存现金不能满足需要，于是企业在未向银行提出申请前，私自决定将库存现金金额提高到 6 000 元，并且经常直接从公司现金收入中提取款项支付货款，后被银行发现，对其处以罚款。A 公司不服，以向中国人民银行申请复议为名，拒绝交付罚款。

【问题思考】

1. 请根据有关规定，指出 A 公司货币资金处理中的错误之处。

2. 针对案例中A公司对货币资金的错误处理方法，请指出在货币资金控制方面正确的处理方法。

【准则依据】

1.《企业会计准则——基本准则》。

2.《内部会计控制规范——货币资金(试行)》第十三条：单位应当加强现金库存限额的管理，超过库存限额的现金应及时存入银行。

3.《内部会计控制规范——货币资金(试行)》第十五条：单位现金收入应当及时存入银行，不得用于直接支付单位自身的支出。因特殊情况需坐支现金的，应事先报经开户银行审查批准。

【参考提示】

1. A公司私自将库存现金限额提高，违反《现金管理暂行条例》的相关规定，即企业需要增加库存限额，应向开户银行申请，由开户银行核定；企业直接从现金收入中支付现金，属于坐支行为。《现金管理暂行条例》规定，无特殊情况，企业不得坐支现金。

2. 企业货币资金的合理持有量是指既能满足企业正常经营需要，又避免现金闲置的合理存量，原则上以开户单位3～5天的日常零星开支所需核定库存现金限额，边远地区和交通不发达地区的开户单位的库存现金限额可以适当放宽，但最多不得超过15天的日常零星开支，且企业不能私自提高库存现金限额。确定企业最佳货币资金持有量的模式主要有以下几种：货币资金周转模式、成本分析模式、存货模式、随机模式。这几种模式各有特点，其应用条件也不尽相同。

坐支现金是指收到现金以后不存入银行，而是直接从收到的现金中开支。开户单位现金收入应当于当日送存开户银行，当日送存确有困难的，由开户银行确定送存时间；开户单位支付现金，可以从本单位库存现金限额中支付或者从开户银行提取，不得从本单位的现金收入中直接支付(即坐支)。因特殊情况需要坐支现金的，应当事先报经开户银行审查批准，由开户银行核定坐支范围和限额。坐支单位应当定期向开户银行报送坐支金额和使用情况，同时，收支的现金必须入账。

(撰稿：沈培培)

案例2.3 出纳的"偷工减料"

【背景资料】

某公司的出纳员在2010年6月8日和10日两天的现金业务结束后，例行进行现金清查，分别发现现金短缺50元和现金溢余30元的情况，对此他经过反复思考也弄不明白其原因。为了保全自己的面子，同时又考虑到两次账实不符的金额又很小，他决定采取下列办法进行处理：现金短缺50元，自掏腰包补齐；现金溢余30元，暂时收起。由于该公司上层管理部门一般对公司银行存款的实际金额心中并无具体实际数额，甚至有时会影响到公司日常业务的结算，因此公司经理指派有关人员检查一下出纳的工作，结果发现这样的状况：出纳员每次编制银行存款余额调节表时，只根据公司银行存款日记账的余额加或减对账单中企业的未入账款项来确定公司银行存款的实有数，而且出纳员在每次做完此项调节工作后，就立即将这些未入账的款项登记入账。

【问题思考】

1. 该公司出纳员对2010年6月8日和10日两天的现金清查结果的处理方法是否正确?

2. 该出纳以对账单为依据将企业未入账的未达账项记入账内是否正确？导致银行存款实有数与企业银行存款日记账余额或银行对账单余额并不总是一致的原因有哪些?

【准则依据】

1.《企业会计准则——基本准则》。

2.《内部会计控制规范——货币资金(试行)》第七条：单位办理货币资金业务，应当配备合格的人员，并根据单位具体情况进行岗位轮换；办理货币资金业务的人员应当具备良好的职业道德，忠于职守，廉洁奉公，遵纪守法，客观公正，不断提高会计业务素质和职业道德水平。

【参考提示】

1. 该出纳对现金的日常处理方法是错误的。当出现账实不符的情况时，必须按照有关的会计规定进行处理。按照规定，对于现金清查中发现的账实不符，即现金溢缺情况，首先应通过“待处理财产损溢——待处理流动资产损溢”科目进行核算。现金清查中发现短缺的现金，应按短缺的金额，借记“待处理财产损溢——待处理流动资产损溢”科目，贷记“库存现金”科目；在现金清查中发现溢余的现金，应按溢余的金额，借记“库存现金”科目，贷记“待处理财产损溢——待处理流动资产损溢”科目，待查明原因后按如下要求进行处理：

(1)如是现金短缺，属于应由责任人赔偿的部分，借记“其他应收款——应收现金短缺款”或“库存现金”等科目，贷记“待处理财产损溢——待处理流动资产损溢”科目；属于应由保险公司赔偿的部分，借记“其他应收款——应收保险赔款”科目，贷记“待处理财产损溢——待处理流动资产损溢”科目；属于无法查明的其他原因，根据管理权限，经批准后处理，借记“管理费用——现金短缺”科目，贷记“待处理财产损溢——待处理流动资产损溢”科目。

(2)如是现金溢余，属于应支付给有关人员或单位的，应借记“待处理财产损溢——待处理流动资产损溢”科目，贷记“其他应付款——应付现金溢余”科目；属于无法查明原因的现金溢余，经批准后，借记“待处理财产损溢——待处理流动资产损溢”科目，贷记“营业外收入——现金溢余”科目。

2. 该出纳对企业未达账项的处理是不对的。这是因为银行的对账单并不能作为记账的原始凭证，企业收款或付款必须取得收款或付款的原始凭证才能记账。该公司出纳员在确定企业银行存款实有数时，没有仔细逐比核对账目金额，偷工减料，违背了基本的财务制度，

银行存款日记账上的存款余额与银行转来的银行对账单上的存款余额常会出现不一致的情况，这是因为双方收到有关原始凭证及记账的时间难以绝对同步，即会出现未达账项，从而导致出现企业和银行的余额不一致的现象。

未达账项，是指由于双方记账时间不一致而发生的一方已入账，而另一方尚未入账的款项。

未达账项一般有两类：

(1)企业已入账，银行未入账的款项。这类情况又可细分为两种：①企业已收、银行未收的款项。如企业送存银行的款项，企业已入账，作为本企业银行存款的增加；但银行尚未办理存款手续，有关款项还没进入企业的银行存款账户。②企业已付、银行未付的款项。如企业已经开出支票等付款凭证支付购货等款项，企业已入账，作为本企业银行存款的减少；但是，银行尚未实际划出款项，并未记本企业存款减少。

(2)银行已记账，企业未记账的款项。这类情况又可细分为两种：①银行已收、企业未收的款项。如银行付给企业的利息或代企业收到的款项(如销货款)，银行已记账，作为企业存款的增加；但企业未接到收款通知，尚未入账。②银行已付、企业未付的款项。如银行代企业支付款项(如水电费、电话费等)，银行已记账，作为企业存款的减少；但企业未接到付款通知，尚未入账。

(撰稿：沈培培)

案例 2.4 流动资产(货币资金)管理

【背景资料】

五粮液、茅台与泸州老窖在中国白酒行业中占据重要地位，它们之间的竞争也相当激烈。以下是五粮液、茅台与泸州老窖货币资金、流动资产周转率的条形图对比，通过这两个条形图对它们的流动资产管理能力进行简要的分析(见图 1 和图 2)。

货币资金是资产负债表的一个流动资产项目，它是企业中最活跃的资金，流动性强，是企业的重要支付手段和流通手段，因而是流动资产的审查重点。

企业流动资产管理的效率主要指流动资产的周转率或周转速度。企业的流动资产管理能力标志着流动资产管理状况和管理效果的好坏，而这种状况的好坏将对企业的偿债能力和盈利能力有着重要的影响。

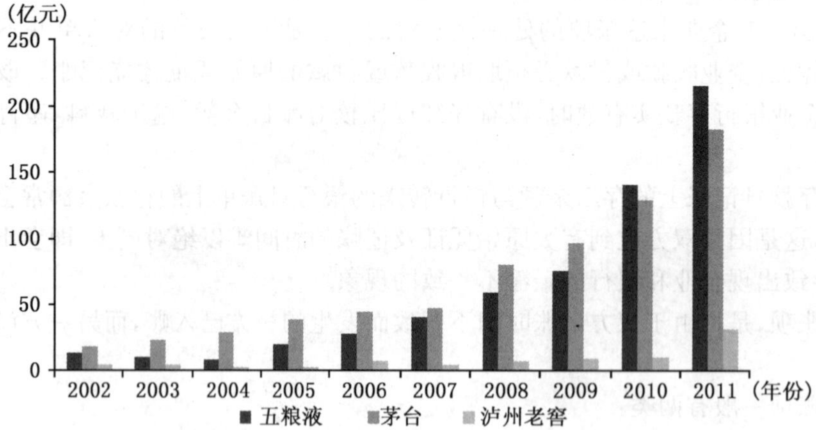

图 1 货币资金对比图

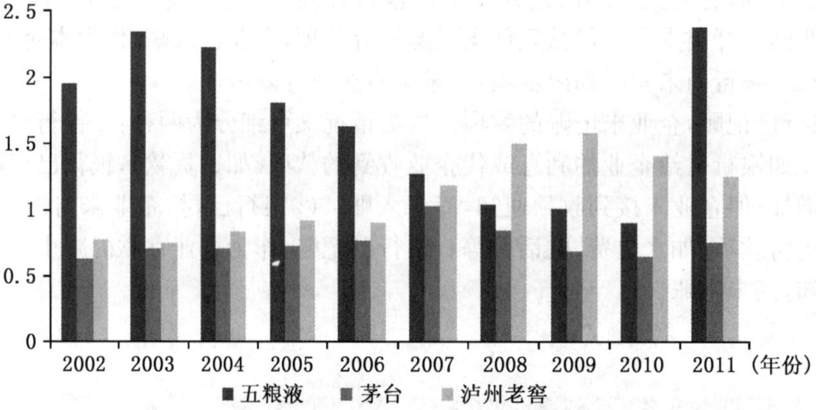

图 2 同行业流动资产周转率对比图

【问题思考】

1. 通过上述五粮液、茅台与泸州老窖货币资金、流动资产周转率的条形图对比，试指出其存在的差异。

2. 你对加强企业流动资产(货币资金)管理有何建议?

3. 跟踪上述三家酒类上市公司近年财务资料，并试作比较分析流动资产管理状况。

【准则依据】

1.《中华人民共和国会计法》。

2.《企业会计准则——基本准则》。

【参考提示】

1. 五粮液从2002～2008年货币资金一直增长，但始终不如茅台，从2010年开始连续两年货币资金超越茅台，而泸州老窖的货币资金远远低于茅台和五粮液。现金多了自然是好事，但要注意现金的投资升值方式，如果现金的收益率不能超越存款利率，那么对股东权益来说是一种损失，大量现金不能继续创造更多价值，不如以股息或分红方式发放到股东手中来得实惠。

五粮液2011年流动资产周转率较高，从2003～2010年一直呈现下降趋势；泸州老窖则从2003～2009年一直上升；茅台相对稳定，基本保持不变。流动资产周转率越高，即其在一定时期内的周转次数越多，或者说周转一次所需要的天数越短，表明其资产的运用效率越高，效果越好；反之，流动资产周转率越低，则表明企业利用流动资产经营活动的效果越差，效率越低。

但是货币资金与流动资产周转率并不是完全对等的关系，即货币资金多并不意味着其流动资产周转率就高，这是因为影响流动资产周转率的因素有很多，而不仅仅受货币资金的影响。

2. 通过上述案例的分析，我们知道货币资金对企业竞争能力有很大影响，也了解了货币资金是企业经营活动的"血液"，贯穿经济活动的全过程，需要在流动和周转中实现增值和效益。此外，加强对货币资金的管理对提高流动资产周转率也有积极作用。我们要加强货币资金的管理，保证货币资金的安全，对货币资金内部控制中的薄弱环节，应当及时采取措施，加以纠正和完善。现提出以下几点措施：

(1)确立和完善货币资金内部控制制度：明确岗位职责权限，建立严格的授权批准制度；建立有效的财务稽核对证制度；实行岗位轮换制；加强会计电算化操作控制。

(2)加强对各单位财会人员的素质教育，注重财会人员综合素质的提高，同时建立合理的考核机制和有效的激励机制调动财会人员的积极性。

（撰稿：沈培培）

第二节　应收款项

一、应收票据

案例2.5　应收票据内部控制与审计

【背景资料】

2011年8月，A集团公司在对其下属B公司进行突击财务检查时，发现B公司有一张仿冒的银行承兑汇票，票面金额为200万元。检查人员询问出纳得知，该张银行承兑汇票系主管财务的副总经理兼财务部经理张某从客户C处收取，该客户最早开出的银行承兑汇票为2010年9月30日开具，金额为70万元。后来，随着双方交易额的增加，到2011年3月，已经达到了200多万元。张某告知财务部，客户称由于资金紧张，希望将到期的60万元以及未支付的其他款项共计200万元重新开具银行承兑汇票。2011年3月，张某将200万元银行承兑汇票带回交给出纳，出纳并未检查就将其锁入保险柜保存。在此过程中，经办人全部为张某一人。

经了解，张某除了分管财务部门外，还分管销售业务。检查人员要求B公司向C客户询证应收账款余额以及应收票据，得到的反馈结果是双方交易余额记载一致，C客户开具的银行承兑汇票经询问对方票据经办银行也是真实的。同时对方电话核实，银行承兑汇票是B公司张某亲自上门收取的，而且开具了B公司的收据。此时，张某突然消失，不再上班且手机处于关机状态。原来正是张某盗窃了该张银行承兑汇票，为了掩饰，张某制作了一张假的银行承兑汇票。遗憾的是，出纳由于信任自己的顶头上司并未核对。

【问题思考】

1. A集团公司的下属B公司应收票据出现如此大纰漏的原因是什么？其应收票据内部控制存在哪些问题？

2. 为避免此类事件的发生，公司应收票据内部控制应采取哪些措施？

【准则依据】

1.《中华人民共和国票据法》。

2.《内部会计控制规范——基本规范(试行)》第二章第五条：单位应当建立销售与收款业务的岗位责任制，明确相关部门和岗位的职责、权限，确保办理销售与收款业务的不相容岗位相互分离、制约和监督。

3.《内部会计控制规范——基本规范(试行)》第二章第二十五条：单位应收票据的取得和贴现必须经由保管票据以外的主管人员的书面批准。

【参考提示】

1. 该案例是应收票据内部控制失控的典型代表。内部控制作为公司规范管理的制度保障，如果存在违规现象或者执行不到位，则会使公司内部相关工作人员有机可乘，趁机窃取公司财产。从上述案例可以看出，该公司针对应收票据的内部控制至少出现以下几个问题：

(1)公司组织机构错位。张某同时负责营销和财务两个部门，实际上是将本应该分离的两个职能部门予以集中，张某一人可以掩盖业务运作中的瑕疵，而这正是造成银行承兑汇票被盗取的最重要原因。

(2)财务监督机制虚设。B公司的财务部门工作人员在收取应收票据时并不认真核对，想当然地认为其主管领导张某收取的银行承兑汇票是真实的，而且在长达数月的时间里是否盘点以及盘点时是否认真核对应收票据也无从可知。不管如何，如果当初出纳恪尽职守，认真核对，发现伪造的银行承兑汇票后及时向领导报告，也不至于发生这样的后果。

(3)会计信息不够透明。在现代企业管理理念中，财务部门不但是会计核算部门，更多地是充当企业管理层的“军师”。通过向管理层发布财务信息，提炼对公司经营决策相关的数据，从而参与到公司经营管理过程中。针对本案，如果企业定期将客户及其收款状况以财务分析报告的形式向公司管理层报告，管理层应该会关注该客户以及应收票据的金额。

(4)公司内外监管不力。一个企业持续地健康运转离不开监督机制，这是因为企业经营管理者不同程度地存在职业道德风险和偷懒思想。如果A集团公司的审计部或B公司内部设置的诸如审计部类似的监察部门进行了有效的监督，也许能发现应收票据被“置换”的蛛丝马迹。另外，如果参与年报审计的会计师事务所认真审核并与客户进行询证，那么也不会使那些图谋不轨的人员找到作案的机会。

2. 通过对上述案例的简要分析，为了对应收票据进行有效管理，可以从内部控制框架的以下几个方面进行分析。

(1)完善公司治理结构。即应当设置独立的营销部门、物流部门和财务部门以及审计部门，以做到各司其职并互相监控。

(2)建立风险评估机制。应收票据的风险主要是安全性和真伪以及到期不能承兑。基于此，为了防止企业内部人收款不入账或者延迟入账甚至直接盗取款项，企业应当评估自身销售与收款业务循环中的关键风险控制点，以采取针对性的措施。例如，为了防范客户经理收款后不及时交至公司财务部门，财务部门应通过定期的应收账款账龄分析发现收款周期较长的客户并向对方函证，这样做一方面可以保证应收账款的时效性，另一方面可以发现是否有客户经理已经收款未及时交款的情况。《企业内部控制应用指引第9号——销售业务》第十二条也提出：“企业应当指定专人通过函证等方式，定期与客户核对应收账款、应收票据、预收账款等往来款项。”

(3)规范业务管理流程。在描述关于应收票据的业务流程时，企业至少要关注应收票据的收取、保管和贴现以及到期承兑等活动，并以文字注释的方式简要注明在每个环节应重点关注的要点。例如，在收取应收票据时，至少应检查票据的真实性、背书是否连续、印章是否清晰等。

(4)加强内外监督管理。一个公司，不管是否建立独立的审计部门，行使审计职能的部门(人员)一定要存在。内部审计不但在于威慑，更在于发现企业内控运行的不足，以便公司今后改进和提高。另外，企业外部力量对公司进步的促进作用不容忽视。外部力量(不管是上级主管单位、会计师事务所、财政部门或者是税务部门等)通过各种形式的工作监察，都可以发现企业目前存在的问题并促使其设法改进和完善。

（撰稿：沈培培）

二、应收账款

案例 2.6　应收账款的管理与控制

【背景资料】

中国远洋控股股份有限公司（以下简称“中国远洋”）于 2005 年 3 月 3 日在中华人民共和国注册成立，2005 年 6 月 30 日在香港联交所主板成功上市，2007 年 6 月 26 日在上海证券交易所成功上市。中国远洋是中国远洋运输（集团）总公司（与其下属公司合称“中远集团”，全球第二大综合性航运公司）的上市旗舰和资本平台。中国远洋 2009 年 6 月 30 日、2009 年 12 月 31 日、2010 年 6 月 30 日的应收账款账龄结构如表 1 所示：

表 1　　应收账款账龄结构

公告日期	账龄（年）	应收账款余额（元）	提取的坏账准备（元）	占总应收账款比例（%）
2010 年 6 月 30 日	1 年以内	4 189 530 000	27 899 800	56.43
	1～2 年	61 253 200	32 449 500	0.825
	2～3 年	22 205 000	20 721 200	0.299
	3 年以上	103 668 000	97 909 600	1.396
	特别处理	3 047 870 000	27 446 500	41.05
	合计	7 424 526 200	206 427 000	100
2009 年 12 月 31 日	1 年以内	3 775 780 000	204 055 000	74.64
	1～2 年	20 169 500	5 702 360	0.399
	2～3 年	4 519 290	2 289 720	0.089
	3 年以上	7 450 770	6 524 630	0.147
	特别处理	1 250 290 000	21 103 100	24.72
	合计	5 058 209 560	239 675 000	100
2009 年 6 月 30 日	6 个月以内	4 663 130 000	18 280 300	93.36
	7～12 个月	138 766 000	46 132 600	2.78
	1～2 年	59 609 500	40 774 200	1.19
	2～3 年	13 647 200	8 375 030	0.27
	3 年以上	119 735 000	117 638 000	2.4
	合计	4 994 887 700	231 200 000	100

【问题思考】

1. 根据表 1 所进行的中国远洋应收账款账龄结构分析可得出什么结论？
2. 跟踪该公司近年财务报表，尤其关注其应收账款项目，并作分析比较。

3. 通过该案例可得到哪些有关应收账款管理与控制的启示？

【准则依据】

《企业会计准则——基本准则》。

【参考提示】

1. 通过表 1 的数据我们可以发现，中国远洋的应收账款基本是在 1 年以内的应收账款，并且通过表中三个时间段的比较我们也不难发现，2009～2010 年 1 年以内应收账款的比例有所上升，但是比例还不是很高，这就说明公司的收账政策还有待加强。

2. 随着商品经济的发展和社会主义市场经济体制的建立和完善，信用购货已经成为了一种趋势。对于购货商而言，赊购使其从供应方处获得了一项融资来源，减轻资金周转压力；对于供应商而言，延迟收取货款可加速其产品销售，增加存货周转。应收账款便是在这种信用条件下产生的一种债权性资产。一般来说，应收账款周转率越高越好，表明公司收账速度快，平均收账期短，坏账损失少，资产流动快，偿债能力强。与之相对应，应收账款周转天数则是越短越好。

随着应收账款数额持续增加、平均账龄不断增长，可能出现的坏账损失也越来越大，给企业生产经营带来巨大的潜在风险。解决问题的突破口首先应从企业自身的管理体系入手，即强化内部管理和控制体系，加强事后管理，建立应收账款责任制，对应收账款的执行情况进行综合分析，克服不良的外部环境给企业应收账款管理带来的困难。通过建立合理的考评指标体系和内控体系，企业可以有效地管理公司的应收账款，保证资产的安全性和收益性。

（撰稿：沈培培）

案例 2.7　坏账准备的计提方法

【背景材料】

哈尔滨空调股份有限公司（以下简称“哈空调”）是一家在上海证券交易所上市的公司，是我国目前最大的空冷机组专业生产厂家。2008 年 3 月 12 日，哈空调公布 2007 年年报，年报公布之后引起了投资者和财经媒体的广泛关注。这是因为除了公司业绩以超常规的速度增长外，其采用了有别于其他制造业上市公司的应收账款坏账准备的计提方法。根据公司年报，哈空调从 2007 年 1 月 1 日起对应收账款坏账准备的计提方法进行了变更，由账龄分析法变更为迁移模型法（一种适合于银行类上市公司的坏账准备计提方法，即以风险为基础将贷款分为正常、关注、次级、可疑、损失五类，对不同类别的贷款采用不同的比例计提坏账准备）。其具体方法是：首先对单项金额重大的应收账款、其他应收款单独进行减值测试，如果未发生减值，则和其余应收账款一并按分类组合的方式采用迁移模型法计提坏账准备。

对此，哈空调的年报给出了三个理由：①公司主要产品的用户多为列入国家计划的重点电站、石化等新建项目或改扩建项目，建设资金有保证；②产品合同金额较大；③资金结算周期较长，一般为2～3年，有的甚至更长一些。

【问题思考】

1. 哈空调变更坏账准备计提方法，采用迁移模型法是否恰当？

2. 应收账款坏账准备计提方法的选择（即企业决策层所做的选择）是根据什么和出于何种意图？

【准则依据】

《企业会计准则第22号——金融工具确认和计量》应用指南对应收账款计提坏账准备进行了如下规定：对于单项金额重大的应收款项，应当单独进行减值测试。有客观证据表明其发生了减值的，应当根据其未来现金流量现值低于其账面价值的差额，确认减值损失，计提坏账准备；企业应该在计提应收账款的坏账准备时，区分单项金额重大与否。单项金额重大的应收账款应该按照未来现金流量现值低于其账面价值的差额计提；单项金额非重大的应收账款可以按照原来的账龄分析法计提。

【参考提示】

1. 哈空调年报给出的变更坏账准备计提方法的理由忽视了以下几点：①虽然公司的客户一般为大型公司，其建设资金有保证，但也极易受国家宏观政策的影响，在国家宏观调控的影响下，应收账款变为坏账的可能性并不是不存在；②合同金额大小和坏账准备计提方法之间缺乏直接的逻辑关系；③资金结算周期长，只能说明应收账款收回的风险可能增大。同时，在计量方法上应该采用实际利率法，而不是减少坏账准备计提金额。

另外，虽然哈空调在变更坏账准备计提方法时给出了其对当年利润及净利润的影响数，投资者可以通过调整使会计信息仍具有可比性，但由于除了金融类上市公司外，其他企业对坏账准备的计提一般采用账龄分析法，哈空调年报中提供的会计信息失去了和其他企业之间的可比性，且非金融类上市公司采用迁移模型法计提坏账准备并不恰当。

基于以上分析，哈空调的应收账款虽然短期内形成坏账的可能性较小，但存在的风险显然比其年报中的估计高，此项会计变更的理由并不充分。

2. 根据《企业会计准则》规定，企业应收款项可能发生的损失应当计提坏账准备，具体包括：应收账款、应收票据、其他应收款、预付账款等。企业坏账的处理方法有两种：直接转销法和备抵法。直接转销法忽视了坏账损失与赊销业务的联系，在转销坏账损失的前期，对于坏账的情况不做任何处理，不符合权责发生制及收入费用相配比的会计原则，一般企业很少采用。备抵法是按期估计坏账损失，形成坏账准备的计提方法，此方法使收入更好地与费用相配比，避免企业虚增利润；在报表上列示应收款项净额，使其接近于未来实际可收回的金额。用备抵法估计坏账损失有四种方法：销货百分比法、余额百分比法、账龄分析法、个别认定法。以下是应收账款各计提方法的特点和适应范围：

(1)销货百分比法是以赊销金额的一定百分比估计坏账损失的一种方法。此种方法计算简便,根据当期赊销额确定坏账,使得坏账费用和收入严格配比。但是该方法不考虑"坏账准备"科目原有余额,仅以当期赊销金额的一定比例估计坏账,无法反映以前时期的坏账情况。同时,该方法不考虑不同应收账款的风险,采用统一的坏账率计算,与实际情况不符。因此,此方法在实际应用中比较少。

(2)余额百分比法是按应收账款余额的一定百分比估计坏账损失的一种方法。余额百分比法核算简单,考虑到了坏账准备原有的余额,据此做出调整,注重坏账准备应有的余额。此方法适用于于应收账款在资产总额中所占比例较小,应收账款户数较多且金额较小的企业。

(3)账龄分析法是根据应收账款账龄长短来估计坏账损失的一种方法。账龄分析法考虑了欠款时间与收回风险的关系,将应收账款分为若干类,分别以不同的坏账率计提坏账损失,与销货百分比法和余额百分比法相比更加准确。该方法比较适合于应收账款在资产总额中所占比例较大,应收账款户数较多且金额较大的企业。

(4)个别认定法是根据每项应收款项的实际情况分布估计坏账损失的方法。个别计价法需要花费很多时间调查客户的偿债能力与信用状况,操作比较麻烦,同时增加了成本。因此,该方法适用于应收账款在资产总额中所占比例较大,应收账款户数较少且金额较大的情况,并与其他方法同时配合使用。

企业应根据自身的行业特点及同行业其他企业计提坏账准备的方法决定自己的计提方法及比例。如果是外资公司,计提方法和比例可能需要同国外母公司的计提方法及比例一致。如果是普通有限责任公司,则一般同税法要求一致。

(撰稿:沈培培)

第三节 存 货

一、存货成本确定

案例 2.8 如何选择存货计价方法

【背景资料】

开伦公司想聘请一位会计专家作为财务顾问,协助公司编制利润表向银行申请贷款1 000 000元。

开伦公司经营的主要业务是销售光纤电话给一些大公司。该项系统大部分部件是开伦公司购自福禄公司通信电子公司的产品。

开伦公司于2010年初开业,第一年的购货情况如下表所示:

单位:元

购货月份	购入数量	单位成本	总成本
1月	1 000	15 000	15 000 000
4月	5 000	14 000	70 000 000
8月	4 000	12 000	48 000 000
11月	2 000	11 000	22 000 000

该公司在12月31日会计年度终了时,存货有3 500件。因为这是第一年营业,开伦公司尚未正式选择存货计价方法。该年销售总额为148 000 000元,销售费用总计17 000 000元。

【问题思考】

1. 若分别采用定期盘存制下的先进先出法及加权平均法编制开伦公司的利润表,有何不同结果?

2. 假如由你建议开伦公司向银行提出贷款申请的利润表,其存货成本计价应采用何种方法?为什么?

3. 假如开伦公司的所得税率为25%,为报税目的,你建议开伦公司应采用何种存货计价方法?为什么?

【准则依据】

1.《企业会计准则第1号——存货》第十四条:企业应采用先进先出法、加权平均法及个别计价法确定发出存货的实际成本。

2. 2008年新《企业所得税法》。

【参考提示】

企业存货计价方法的不同,既会影响到存货的成本及利润,又会影响到企业的所得税及现金流。因此,合理选择存货计价方法既是企业的一个会计问题,也是一个财务管理问题,更是一个税务筹划问题。其中,应注意在物价上涨与下跌时期存货计价方法的不同影响。

(撰稿:张其秀)

案例2.9 存货中的周转材料确认

【背景资料】

小李大学毕业后来到同创建筑公司任会计,他对建筑用周转材料的会计处理不是很有把握,常在固定资产、长期待摊费用和低值易耗品之间拿捏不定。

小李新到同创公司当月，公司购入了一批安全网以及新式碗扣式脚手架。安全网5元/平方米，公司购入1 800平方米，用于即将开工的一幢写字楼的建造，该写字楼工期15个月；碗扣式脚手架6 000元/吨，公司购入300吨，新式脚手架购入后，将替代公司正在使用的旧式扣件式钢管脚手架。

数月后，钢铁价格大幅上涨，同创公司账面价值为90万元的旧式脚手架的公允价值升至100万元，同创公司欲将其用于对外长期投资。安建租赁公司和新筑公司均有意向以20%的股权作为交换接受投资。若接受投资，安建租赁公司和新筑公司的净资产公允价值分别为480万元和600万元。

【问题思考】

1. 同创公司购入安全网和新式脚手架时，小李应当如何将其入账？

2. 同创公司若将旧式脚手架投往新筑公司，小李应如何做会计处理？若投往安建租赁公司呢？新旧会计准则的会计处理有何不同？

【准则依据】

1.《企业会计准则第1号——存货》应用指南有关周转材料的处理规定：周转材料，是指企业能够多次使用、逐渐转移其价值但仍保持原有形态不确认为固定资产的材料，如包装物和低值易耗品，应当采用一次转销法或者五五摊销法进行摊销；企业（建造承包商）的钢模板、木模板、脚手架和其他周转材料等，可以采用一次转销法、五五摊销法或者分次摊销法进行摊销。

2.《企业会计准则第7号——非货币性交易》。

【参考提示】

1.周转材料采用的“一次摊销法”是指在领用周转材料时，将其全部价值一次计入成本、费用的方法。这种方法适用于易腐、易耗的周转材料，如安全网等。

“分期摊销法”是根据周转材料的预计使用期限分期摊入成本、费用。这种方法一般适用于经常使用或使用次数较多的周转材料，如脚手架、跳板、塔吊轨及枕木等。其计算公式如下：

周转材料每期摊销额＝周转材料计划成本×(1－残值占计划成本%)/预计使用期限

2. 根据新《企业会计准则》，其会计处理为：

(1)若投给安建租赁公司

借：长期股权投资——投资成本	960 000	
商誉	193 000	
贷：周转材料		900 000
应交税费——应交增值税		153 000
营业外收入		100 000

而旧会计准则处理为：

投得多占得少计入股权投资差额，按期摊销：

借：长期股权投资——投资成本　　960 000

　　股权投资差额　　93 000

　　贷：周转材料　　900 000

　　　　应交税费——应交增值税　　153 000

(2)若投给新筑公司

根据新《企业会计准则》，其会计处理为：

借：长期股权投资——投资成本　　1 200 000

　　贷：周转材料　　900 000

　　　　应交税费——应交增值税　　153 000

　　　　营业外收入　　100 000

　　　　投资收益　　47 000

而旧会计准则处理为：

投得少占得多计资本公积：

借：长期股权投资——投资成本　　1 200 000

　　贷：周转材料　　900 000

　　　　应交税费——应交增值税　　153 000

　　　　资本公积　　147 000

可见，新旧会计准则对此业务的会计处理是有一定的差异的。

（撰稿：杨蒙莺）

二、存货期末计价

案例 2.10　期末存货减值准备的计提

【背景资料】

2012 年 11 月，东方公司与南方公司签订销售合同，约定于 2013 年 2 月向南方公司销售 200 万件甲产品，合同价格每件 100 元，并且东方公司承担每件 5 元的销售费用。假如东方公司后来单方面撤销合同，则应支付违约金 1 500 万元。2012 年末东方公司已生产出该产品 250 万件，产品成本为每件 110 元。产品市场价格上升至每件 112 元，销售费用仍为每件 5 元。

【问题思考】

1. 请计算东方公司期末甲产品的可变现净值。
2. 请分析判断 2012 年末东方公司应计提的存货跌价准备。

【准则依据】

1.《企业会计准则第 1 号——存货》第十五条:资产负债表日,存货应当按照成本与可变现净值孰低计量。可变现净值是指在日常活动中,存货的估计售价减去至完工时估计将要发生的成本、估计的销售费用以及相关税费后的金额。

2.《企业会计准则第 1 号——存货》第十七条:为执行销售合同或者劳务合同而持有的存货,其可变现净值应当以合同价格为基础计算。企业持有存货的数量多于销售合同订购数量的,超出部分的存货的可变现净值应当以一般销售价格为基础计算。

【参考提示】

当企业的产品有销售合同时,对标的资产进行减值测试时应分步走:①如果选择不执行合同,则可变现净值的计算基础为市场销售价格;如果选择执行合同,则以合同价格作为估计售价计算可变现净值并确认资产减值损失。②比较预计亏损与减值损失,如果预计亏损超过该减值损失,应将超过部分确认为预计负债。而对于超过合同数量的这部分产品,应以产品的市场价格作为估计售价计算可变现净值。

综上分析,计算时,应区分有合同的 200 万件与没有合同的 50 万件产品。

1.对于有合同的 200 万件:

(1)如果执行合同:合同存在标的资产的,应当对标的资产进行减值测试并按规定确认减值损失。

可变现净值=(100－5)×200=19 000(万元)

产品成本=110×200=22 000(万元)

应确认减值损失 3 000 万元。

(2)如果不执行合同:支付违约金为 1 500 万元,同时按照市场价格销售可获利=200×(112－110)=400(万元)。所以对于有合同部分,应确认 1 500 万元的预计负债。

因此应选择不执行合同。

2.对于没有合同的 50 万件:

可变现净值=(112－5)×50=5 350(万元)

产品成本=110×50=5 500(万元)

应确认减值损失 150 万元。

综上,其会计处理为:

借:营业外支出　　15 000 000

　　贷:预计负债　　15 000 000

借:资产减值损失　　1 500 000

　　贷:存货跌价准备　　1 500 000

(撰稿:韩丽丽)

第四节　投　资

一、交易性金融资产

案例 2.11　交易性股票投资的计量

【背景资料】

星海公司 2010 年支付价款 1 000 000 元从二级市场购入长远公司发行的股票 100 000股，每股价格 10 元，另外支付交易费用 1 000 元。星海公司持有的长远公司的股票不打算作为长期投资，故将此划分为交易性金融资产，且持有长远公司股票后对其并无重大影响。2011 年 6 月 30 日，长远公司股票价格涨到 13 元，星海公司对此确认了 300 000元的投资收益。

【问题思考】

1.星海公司的这项交易性投资会计处理是否正确？为什么？

2.如果该公司的会计处理有问题，你认为应该如何做出正确的会计分录？

【准则依据】

1.《企业会计准则第 22 号——金融工具确认和计量》第三十条：企业初始确认金融资产或金融负债，应当按照公允价值计量。对于以公允价值计量且其变动计入当期损益的金融资产或金融负债，相关交易费用应当直接计入当期损益；对于其他类别的金融资产或金融负债，相关交易费用应当计入初始确认金额。

2.《企业会计准则第 22 号——金融工具确认和计量》第三十八条：以公允价值计量且其变动计入当期损益的金融资产或金融负债公允价值变动形成的利得或损失，应当计入当期损益。

【参考提示】

星海公司的会计处理不正确。根据新准则的规定，以公允价值计量且其变动计入当期损益的金融资产或金融负债公允价值变动形成的利得或损失，应当计入当期损益。公允价值变动损益是未实现损益，企业只有将持有的交易性金融资产出售，才可以将以前计入公允价值损益的部分转为投资收益。2011 年 6 月 30 日，会计人员应作相应的会计分录为：

借：交易性金融资产——公允价值变动　　300 000

　　贷：公允价值变动损益　　300 000

（撰稿：沈璐）

二、长期股权投资

案例 2.12　初始投资成本确认

【背景资料】

甲公司于200×年3月1日通过发行普通股股票800万股对乙公司进行了投资，取得乙公司有表决权的股份20%，由于甲公司比较看好乙公司的未来发展前景，因此，准备长期持有该公司股份。该股票面值为每股1元，市场价格为每股3元，甲公司在对乙公司投资时支付了相关费用20万元，同日，乙公司的可辨认净资产公允价值为9 150万元。

虽然甲公司的该项长期股权投资尚未形成对乙公司的控制，但拥有的表决权股份已足以对乙公司的各项决策构成了重大影响。根据有关会计准则规定，甲公司对该项长期股权投资按权益法进行了相关的会计核算。

若假设甲公司所发行的股票的市场价格为每股2元，其他情况不变，其会计处理又有不同的处理。

【问题思考】

1. 在以上两种不同情况中，甲公司应如何确认股权投资的初始投资成本？
2. 你认为新会计准则对于商誉的处理是否合理？为什么？

【准则依据】

《企业会计准则第2号——长期股权投资》：采用权益法核算长期股权投资时，如果长期股权投资的初始投资成本大于投资时应享有被投资企业可辨认净资产公允价值的相应份额的，不调整长期股权投资的初始投资成本，直接确认为商誉，该商誉不进行摊销，但需要在会计期末进行减值测试；如果长期股权投资的初始投资成本小于投资时应享有被投资企业可辨认净资产公允价值的相应份额的，其差额通过投资收益直接计入当期损益，同时将初始投资成本调整为应享有的被投资企业可辨认净资产公允价值对应的份额价值。

【参考提示】

第一种情况：

该股票的公允价值为2 400万元，加上相关费用，获取投资的总成本为2 420万元。而乙公司20%的净资产的公允价值为9 150×20%＝1 830万元，其差额590万元，应确认为商誉。会计处理如下：

借：长期股权投资——乙公司（投资成本）	18 300 000	
商誉	5 900 000	
贷：股本		8 000 000
资本公积		16 000 000

银行存款　　200 000

第二种情况：

该股票的公允价值为 1 600 万元，再加上相关费用 20 万元，获得投资的总成本为 1 620万元，比所获份额公允价值1 830万元低 210 万元，该差额应直接计入当期投资收益。会计处理如下：

借：长期股权投资——乙公司(投资成本)　　18 300 000
　　贷：股本　　8 000 000
　　　　资本公积　　8 000 000
　　　　银行存款　　200 000
　　　　投资收益　　2 100 000

（撰稿：张其秀、程婧）

案例 2.13　长期股权投资减值

【背景资料】

在 200×年 12 月 31 日，长城公司占红星公司有表决权股本的 20%；根据有关新会计准则的规定，该项长期股权投资按权益法核算其账面价值为3 000万元，在取得该项长期股权投资时，长城公司确认了 200 万元的商誉。然而，几个月后，股票市场开始进入了调整阶段，股价走势低迷，根据相关资料分析得知，该长期股权投资目前的可收回金额为 2 500万元。长城公司的会计在当期计提了长期股权投资减值准备 500 万元。

【问题思考】

1. 长城公司的这项长期股权投资会计处理是否正确？请说明理由。
2. 如果该公司的会计处理有问题，你认为应该如何做出正确的会计分录。

【准则依据】

1.《企业会计准则第 2 号——长期股权投资》。
2.《企业会计准则第 8 号——资产减值》。
3.《企业会计准则第 22 号——金融工具确认与计量》。

【参考提示】

长城公司的会计处理不正确，新准则规定：资产减值损失一经确认，在以后会计期间不得转回。对采用权益法核算的企业如果涉及商誉的，在计提减值准备时首先要调整商誉的价值，商誉价值减为零后再计提减值准备；采用成本法核算的，其减值应当按照《企业会计准则第 22 号——金融工具确认与计量》处理，对于按其他新准则核算的会计问题，其减值应当按照《企业会计准则第 8 号——资产减值》处理。

本案例中，该项投资发生减值损失(3 000－2 500)＝500(万元)，冲减初始投资时的商誉200万元，企业还需计提减值准备300万元。分录如下：

借：投资收益　5 000 000
　　贷：商誉　2 000 000
　　　　长期股权投资减值准备　3 000 000

（撰稿：张其秀、程婧）

案例2.14　成本法与权益法的选择

【背景资料】

中强公司是达安公司的一个大股东，拥有达安公司有表决权资本的17%。张野是中强公司的总经理，同时又兼任达安公司的董事会成员。因此，可以说张野能够影响甚至左右达安公司的经营决策及其他决策。

由于中强公司对达安公司的持股比例不到20%，因此，其对达安公司长期股权投资的会计核算是采用成本法记账，即收到达安公司分配的利润时，中强公司的投资收益增加，而中强公司则以净利润的一个固定百分比作为张野的奖金，可见，张野能够通过影响达安公司的利润分配决策来控制他个人的奖金。

200×年，政府对过热的经济进行了适度的宏观调控，市场显得有些疲软，达安公司当年销售额也因此大幅下降，实现的利润很低。然而，张野却利用自己在达安公司董事会的职权，影响了该公司的股利政策，从而使达安公司在盈利不高的情况下分配较多的利润，此举导致达安公司产生沉重的债务负担，并可能出现财务困难。

【问题思考】

1. 张野作为达安公司的董事，使达安公司分配较多利润的行为是在其权限范围内吗？这种行为主要损害了谁的利益？

2. 从会计的角度说明张野操纵其奖金的主要原因。

3. 如何才能减少张野这种行为发生的可能性？

【准则依据】

1.《企业会计准则第2号——长期股权投资》：企业持有的能够对被投资单位施加重大影响的权益性投资，即对联营企业投资。

2. 投资企业直接或通过子公司间接拥有被投资单位20%以上但低于50%的表决权股份时，一般认为对被投资单位具有重大影响；投资企业拥有被投资单位有表决权股份的比例低于20%的，一般认为对被投资单位不具有重大影响，但有证据表明，能够对被投资单位施加重大影响的，也应视为对联营企业投资。

3. 在确定能否对被投资单位施加重大影响时，一方面应考虑投资企业直接或间接持有被投资单位的表决权股份，同时要考虑企业及其他方持有的现行可执行潜在表决权在假定转换为对被投资单位的股权后产生的影响。

【参考提示】

企业对其他单位的投资占该单位有表决权资本总额的比例是否达到20％及以上，并不是判断投资企业是否采用成本法或权益法进行核算的唯一标准，它只是一个供参考的数量标准。在会计实务中，应以实质重于形式的会计原则来加以判断。这里的“实质”就是投资企业是否对被投资企业可以实施控制、共同控制或产生重大影响。

重大影响，是指对一个企业的财务和经营政策有参与决策的权力，但并不能够控制或者与其他方一起共同控制这些政策的制定。投资企业能够对被投资单位施加重大影响的，被投资单位为其联营企业，较为常见的重大影响体现为在被投资单位的董事会或类似权力机构中派有代表，通过在被投资单位生产经营决策制定过程中的发言权实施重大影响。

本案例中，由于张野作为投资公司的总经理，同时又兼任被投资单位的董事会成员，能通过在被投资单位生产经营决策制定过程中的发言权实施重大影响，因此，该公司的长期股权投资核算方法应采用权益法，尽管公司对被投资企业拥有的表决权股份不到20％(17％)，但应强调“实质重于形式”。

（撰稿：张其秀）

第五节　投资性房地产

案例 2.15　投资性房地产的计量模式

【背景资料】

兴华股份公司为了拓展经营规模而想方设法积累资金，在200×年初房地产市场略出现调整时适时进行投资，于6月20日以银行存款支付方式购得某繁华商业街的一幢商务楼，由于该商务楼地段好、租金收益高，公司决定先用于出租，一旦房价上涨，再择机抛售获利。

该商务楼的整个购置价格为1 680万元，相关税费10万元，预计使用寿命40年，预计净残值10万元，采用直线法折旧。200×年7月1日对外出租，年租金180万元，每月收取租金一次。

在200×年下半年，房地产市场开始出现复苏，这时兴华股份公司经营资金周转发生困难。于是兴华股份公司找到一合适买主，在200×年12月10日以2 000万元的价格对外转让200×年6月20日购入的该幢商务楼，已通过银行转账收取转让价款。该商务楼采用成本模式进行后续计量，营业税税率为5％。

【问题思考】

1. 根据现行准则中关于投资性房地产的有关规定，兴华公司应如何进行会计处理？

2. 你认为采用现行投资性房地产准则会对企业产生何影响？

【准则依据】

《企业会计准则第 3 号——投资性房地产》：在会计报表中须单列“投资性房地产”项目，处理可以采用成本模式或者公允价值模式，但以成本模式为主导。如有活跃市场，能确定公允价值并能可靠计量，也可采用公允价值计量模式，这种模式下不计提折旧或减值准备，公允价值与原账面值之间的差异计入当期损益。

【参考提示】

根据《企业会计准则第 3 号——投资性房地产》的规定，应对兴华公司发生的业务做如下会计处理：

1. 根据上述情况，兴华股份公司购入的商务楼符合投资性房地产的界定条件，该投资性房地产的入账成本为：1 680＋10＝1 690(万元)，每月租金为：180/12＝15(万元)，每月的折旧费用为：[(1 690－10)/40]/12＝3.5(万元)。

购置房地产：

借：投资性房地产	16 900 000	
贷：银行存款		16 900 000

收取租金：

借：银行存款	150 000	
贷：投资收益		150 000

提取折旧：

借：投资收益	35 000	
贷：累计折旧——投资性房地产		35 000

2. 借：银行存款	20 000 000	
累计折旧	210 000(35 000×6)	
贷：投资性房地产		16 900 000
应交税费——营业税		1 000 000
投资收益		2 310 000

【分析点评】

现行投资性房地产会计准则会对企业财务状况带来一定的影响，主要体现为：

原先上市公司拥有的物业都被计入了固定资产，因此，物业的升值与否，并没有体现在报表中。近几年物业升值迅速，因此，如果上市公司一旦采用公允价值法来计量其早些年购入的投资性房产,必将大大提高其净资产和当期净利润。

然而,怎样的价值才是真正的公允价值、如何防止上市公司利用公允价值调节利润,又是监管中的难题。公允价值计量模式的引入奠定了NAV(重估净资产值)方法作为房地产上市公司估值的核心地位。这必将引导市场对该项方法进一步的认可。而且随着投资性房地产物业的增多,加之我国经济持续发展,新会计准则采用后,肯定会引导市场更多地关注各项投资性房地产物业的真实价值,并使NAV的估值方法成为评估投资性房地产企业的主要标准之一。即使对以开发业务为主的房地产企业来说,新会计准则的实行也会导致投资者以更为稳健和客观的估值标准来衡量一个公司的价值,这无疑构成制度性的长期利好。

(撰稿:张其秀、程婧)

第六节　固定资产

一、固定资产确认

案例 2.16　区分投资与租赁的固定资产

【背景资料】

某MBA学员毕业后,决定自主创业。他与朋友共同设立的A公司开发了具有某种特色的大头贴拍摄机器,向各商铺免费提供这种机器,以及相关培训、机器保养维修等。他们为机器植入了拍摄统计软件,平日由各商铺自身员工来操作机器,进行日常经营,月末根据统计软件提供的数据与商铺五五分成。

【问题思考】

1. 在A公司的账上,这些放置在商铺的机器该如何反映?是作为投资、融资租赁、经营租赁,还是普通固定资产?

2. 该项固定资产所获收益又该如何反映?

【准则依据】

《企业会计准则第21号——租赁》第八条:或有租金,是指金额不固定、以时间长短以外的其他因素(如销售量、使用量、物价指数等)为依据计算的租金。

【参考提示】

投资:A公司对各商铺的“投入”和收益仅限于照相机器,并不参与商铺其他经营所得的分配,故将其作为“投资”核算并不妥当。

融资租赁:表面上看,各商铺将长期使用照相机器并获取收益。但根据《企业会计准则第 21 号——租赁》,融资租赁是指"实质上转移了与资产所有权相关的全部风险和报酬的租赁",而该案例中,与照相机器所有权相关的全部风险依旧在 A 公司手中,且 A 公司依旧享有经营该机器所得的 50%的报酬,故这并不是融资租赁。

经营租赁:A 公司提供自有机器供他人使用,与机器相关的风险并未转移,A 公司从中获取相应收益,该业务可以看作是收取"或有租金"的经营租赁,A 公司照常提取折旧。

普通固定资产:各大银行在各商铺等其他场所放有 ATM 机,银行将这些散放在各处的 ATM 机作为其普通固定资产入账管理。类似地,A 公司也可将这些照相机器当作普通固定资产核算,在备忘录中记录各机器所在地点、状态等信息。所取得的收益,可作为"主营业务收入"。

(撰稿:杨蒙莺)

案例 2.17 固定资产投入成本

【背景资料】

乘风公司是一家大型机器制造公司,为扩大规模,在 2010 年底接受了伟达公司的投资,经双方协商后,伟达公司投入进口成套设备 A,协议价为 120 万元,但是市场公允价值却为 160 万元,另外乘风公司还自行购入的一项价值 100 万元的设备 B,预计该设备在最终处置时所需要费用将达到 50 万元。

【问题思考】

你认为乘风公司应如何分别确定设备 A、B 的入账价格,为什么?

【准则依据】

《企业会计准则第 4 号——固定资产》:投资者投入固定资产的成本,应当按照投资合同或协议约定的价值确定,但合同或协议约定价值与公允价不同的除外。另外,新准则针对某些特殊行业较高的固定资产弃置费用,规定企业在确定固定资产成本时应当考虑预计弃置费用因素。

【参考提示】

按照《企业会计准则第 4 号——固定资产》有关规定,设备 A 应该按公允价值 160 万元入账,设备 B 应该按 150 万元入账。因为乘风公司预计该设备在最终处置时所需要费用达到 50 万元,故 B 设备入账时价格就应该为 150 万元。相应的会计分录为:

借:固定资产——设备	1 500 000	
贷:银行存款		1 000 000
预计负债——预计弃置费		500 000

(撰稿:张其秀、程婧)

二、固定资产折旧

案例 2.18　该设备是否应计提折旧

【背景资料】

利源公司是一家专门从事污水处理业务的环保企业，5 年前购入一台污水处理设备，价值 150 万元，购置时预期使用寿命为 15 年，残值为零，每年计提折旧 10 万元。由于该设备已出现部分老化现象，为了提高设备的完好率和利用率，提高污水处理质量，利源公司决定对该台设备进行修理维护，预期 3 个月完工。公司会计人员李明认为设备修理期间既然不使用，不能为企业创造收入，因此在此期间不对该设备计提折旧。

【问题思考】

会计人员李明的处理是否正确？为什么？

【准则依据】

《企业会计准则第 4 号——固定资产》第十四条：企业应当对所有固定资产计提折旧；但是，已提足折旧仍继续使用的固定资产和单独计价入账的土地除外。

【参考提示】

会计人员李明的处理不正确。根据新会计准则规定，企业应当对所有固定资产计提折旧；但是，已提足折旧仍继续使用的固定资产和单独计价入账的土地除外。固定资产应按月计提折旧，对于不需用、未使用的固定资产也应计提折旧。利源公司的污水处理设备仍属于需要计提折旧的范围，在修理期间仍然应当计提折旧。

（撰稿：沈璐）

三、固定资产减值准备

案例 2.19　已提减值准备不可再转回

【背景资料】

威力公司为开发新产品，于 2007 年 1 月 1 日购入设备 A，价值 120 万元，使用年限为 10 年，预计无残值。那么该设备在第一年可计提折旧 11 万元，扣除折旧后，该资产的净值应当为 109 万元。但是在资产负债表日，该资产的市场公允价值却只有 99 万元，对此，公司计提了 10 万元固定资产减值准备。2008 年公司应当计提折旧 11 万元（99 万元/9 年），这样到 2008 年底，该资产的净值就是 88 万元。假设这时固定资产的市场公允价值为 100 万元，于是威力公司将 2007 年底计提的资产减值准备 10 万元转回。

【问题思考】

你认为威力公司的会计处理是否正确,说明理由。

【准则依据】

《企业会计准则第 8 号——资产减值》:可收回金额的计量结果表明,资产的可收回金额低于其账面价值的,应当将资产的账面价值减记至可收回金额,减记的金额确认为资产减值损失,计入当期损益,同时计提相应的资产减值准备。资产减值损失一经确认,在以后会计期间不得转回。

【参考提示】

威力公司的会计处理不正确,现行会计准则规定固定资产的减值应当按照《企业会计准则第 8 号——资产减值》处理。因此,威力公司不得进行转回处理,即该资产在企业的账面上就是 89 万元。

(撰稿:张其秀、程婧)

案例 2.20 确认减值准备对折旧的调整

【背景资料】

南方公司于 2009 年 12 月 25 日购进一台加工设备并投入使用,其原值为 160 万元,使用寿命 10 年,预计净残值为 10 万元,采用年限平均法计提折旧,每年计提折旧额 15 万元。该设备以前未曾计提减值准备。2010 年 12 月 31 日,南方公司根据有关迹象判断,该设备的价值出现了贬值,市场公允价值仅售 120 万元,于是南方公司对此计提了 25 万元的资产减值准备。2011 年对该设备继续计提折旧 15 万元。

【问题思考】

1.南方公司的会计处理是否正确?为什么?

2.你认为应该如何计算折旧额?

【准则依据】

1.《企业会计准则第 8 号——资产减值》第十五条:可收回金额的计量结果表明,资产的可收回金额低于其账面价值的,应当将资产的账面价值减记至可收回金额,减记的金额确认为资产减值损失,计入当期损益,同时计提相应的资产减值准备。

2.《企业会计准则第 8 号——资产减值》第十六条:资产减值损失确认后,减值资产的折旧或者摊销费用应当在未来期间作相应调整,以使该资产在剩余使用寿命内,系统地分摊调整后的资产账面价值(扣除预计净残值)。

【参考提示】

南方公司 2010 年对该加工设备的会计处理正确。根据企业会计准则的规定，南方公司 2010 年末，扣除折旧额后的设备账面净值为 145 万元，大于市场公允价值 120 万元，因此对设备计提 25 万元资产减值准备的处理正确。但针对 2011 年设备折旧额的会计处理不正确。因为新准则规定，资产减值损失确认后，减值资产的折旧或者摊销费用应当在未来期间作相应调整，以使该资产在剩余使用寿命内，系统地分摊调整后的资产账面价值(扣除预计净残值)。因此，2011 年应当计提固定资产折旧额为 13.3 万元(120 万元/9 年)。

(撰稿：沈璐)

第七节　生物资产

案例 2.21　农业牲畜如何确认价值

【背景资料】

华农现代农业发展有限公司是一家专门从事农产品生产经营的现代农业式龙头企业。2010 年发生如下业务：

1. 公司下属非独立核算的养猪场 A 从外省购买优良种猪 600 头，支付总价款 80 万元，缴纳相关管理费用2 000元，专程租赁的运输公司运费3 500元尚未实际支付，同时，还支付了直接归属于购买该资产的其他支出2 500元。

2. 公司下属非独立核算的养猪场 B，为保障数月之后的节日市场供应，购买了一批肥畜1 500头，支付总价款 85 万元和其他相关费用 5 万元。

3. 公司收到市场相关机构核实下发的上年度生猪补贴费 20 万元。

假如你是这家公司的新聘的会计，你需要对上述业务进行会计核算。

【问题思考】

1. 根据现行会计准则中关于生物资产的规定，应如何对华农公司业务做出相关会计处理？

2. 你认为现行会计准则增设生物资产有必要吗？

【准则依据】

1.《企业会计准则第 5 号——生物资产》第二条：生物资产是指有生命的动物和植物。

2.《企业会计准则第 5 号——生物资产》第三条：生物资产分为消耗性生物资产、生产性生物资产和公益性生物资产……生产性生物资产是指为产出农产品、提供劳务或出租等目的而持有的生物资产，包括经济林、薪炭林、产畜和役畜等。

【参考提示】

根据《企业会计准则第 5 号——生物资产》相关规定，应做下列会计处理：

1. 借：生产性生物资产——产畜	808 000	
贷：银行存款		804 500
应付账款		3 500
2. 借：生产性生物资产——未成熟生产性生物资产	900 000	
贷：银行存款		900 000
3. 借：银行存款	200 000	
贷：营业外收入		200 000

【分析点评】

我国是一个农业大国，并且是一个在国内消费和出口创收方面对农业依赖性都很强的国家。随着经济全球化的发展和对外贸易的加强，我国亟待有一个统一且符合国际化要求的规则体系来规范我们的企业的农业经济活动的会计行为，以便使我国的企业能够顺利走向国际市场。例如，我国对外投资的农业企业需要对外提供会计报表，又如国内的农业企业要吸引外资也需要对外提供会计报表，这都要求我国的准则体系要对生物资产这一块有一个明确的规范。

国际会计准则委员会(IASC)于 2001 年 1 月发布了《IAS41——农业》来规范农业活动的会计处理、财务报表列报和披露，我国现行会计准则提出了生物资产的概念，并通过企业会计准则的形式规范了企业农业项目的会计处理是会计走向国际化的重要一步。

（撰稿：张其秀、程婧）

第八节　其他资产

一、无形资产

案例 2.22　无形资产的可辨认性

【背景资料】

兴刚公司是一家专门从事钢铁加工、冶炼等与钢铁相关业务的大型公司。近年来，公司销售收入逐年增长，处于高速发展阶段。2011 年，为了进一步扩大生产规模，决定收购同省的一家中小型钢铁公司。该公司的净资产公允价值为 500 万元，而兴刚公司实际支付的收购价为 600 万元。在收购当期，兴刚公司会计人员张琳将多支付的 100 万元确认为商誉计入无形资产，并在资产负债表中列示。

【问题思考】

1.企业会计准则关于无形资产的确认条件是什么？会计准则确定的无形资产可辨认性标准是什么？

2.根据企业会计准则相关规定，会计人员张琳做出的会计处理是否正确？为什么？

【准则依据】

1.《企业会计准则第6号——无形资产》第三条：无形资产，是指企业拥有或者控制的没有实物形态的可辨认非货币性资产。

2.资产满足下列条件之一的，符合无形资产定义中的可辨认性标准：(1)能够从企业中分离或者划分出来，并能单独或者与相关合同、资产或负债一起，用于出售、转移、授予许可、租赁或者交换；(2)源自合同性权利或其他法定权利，无论这些权利是否可以从企业或其他权利和义务中转移或者分离。

【参考提示】

会计张琳的处理不正确。根据现行会计准则规定，无形资产是指企业拥有或者控制的没有实物形态的可辨认的非货币性资产，而商誉是不可辨认的特殊资产，还具有不可计量性和不可分离性，因此，商誉不符合无形资产的确认标准，不能作为一项无形资产在资产负债表中予以列示。在现行会计准则中，商誉应当作为一项单独的资产列示在资产负债表中。

（撰稿：沈璐）

案例2.23　研究开发支出的确认

【背景资料】

长城集团是一家专门从事信息通信系统设备开发、生产和销售的高科技企业集团，2010年，长城集团董事会批准研发某项新型技术，董事会认为，研发该项目具有可靠的技术和财务等资源的支持，并且一旦研发成功将降低该公司的生产成本。2011年3月，该项新型技术研发成功并已经达到预定用途，并且新技术在同行业处于领先水平，市场需求潜力巨大。研发过程中所发生的直接相关的必要支出情况如下：研究阶段共发生材料费用、人工费用及其他费用总计180万元，其中，符合资本化条件的支出为75万元。长城集团向国家有关部门申请了专利，会计人员并将研究开发费用180万元全部计入无形资产。

【问题思考】

1. 我国企业会计准则关于研究开发项目支出的核算要求是什么？

2. 根据会计准则相关规定，长城集团对新型技术研发项目的180万元支出做出相关的会计处理是否正确？为什么？

【准则依据】

1.《企业会计准则第 6 号——无形资产》第七条:企业内部研究开发项目的支出,应当区分研究阶段支出与开发阶段支出。

2.《企业会计准则第 6 号——无形资产》第八条:企业内部研究开发项目研究阶段的支出,应当于发生时计入当期损益。

3.《企业会计准则第 6 号——无形资产》第九条:企业内部研究开发项目开发阶段的支出,同时满足下列条件的,才能确认为无形资产:(1)完成该无形资产以使其能够使用或出售在技术上具有可行性;(2)具有完成该无形资产并使用或出售的意图;(3)无形资产产生经济利益的方式,包括能够证明运用该无形资产生产的产品存在市场或无形资产自身存在市场,无形资产将在内部使用的,应当证明其有用性;(4)有足够的技术、财务资源和其他资源支持,以完成该无形资产的开发,并有能力使用或出售该无形资产;(5)归属于该无形资产开发阶段的支出能够可靠地计量。

【参考提示】

对于这笔业务,该公司会计人员的处理不正确。根据现行会计准则规定,企业内部研究开发项目的支出,应当区分研究阶段支出与开发阶段支出。研究阶段的支出,应当于发生时计入当期损益;开发阶段的支出,满足条件的,应当确认为无形资产。本例中,长城集团经董事会批准研发新型技术,并认为完成该项新型技术从技术上和财务等方面都能够得到可靠的资源支持,一旦研发成功将降低公司的生产成本,并且市场需求潜力大。因此,符合条件的开发费用可以资本化。因此,符合资本化条件的支出为 75 万元,应当资本化,计入无形资产,其余 105 万元属于研究阶段支出,应当计入当期损益。

(撰稿:沈璐)

二、商誉

案例 2.24 不可辨认的特殊资产——商誉

【背景资料】

胜利股份有限公司在 5 年前就收购了蓝天公司,当时蓝天公司净资产的公允价值为 500 万元,而胜利公司的收购价为 550 万元,因此,根据当时的会计准则,胜利公司在收购当期的会计账务处理上确认了 50 万元的商誉。

然而,收购蓝天公司 5 年来,胜利公司不断创造条件以争取尽快上市,并力求使公司保持持续的账面盈利,因而对上述收购中产生的商誉从未进行摊销处理。前几年由于国家宏观经济大好,经过几年的苦心经营,胜利公司的规模有了很大的发展,利润率已远远超过了同行业的平均利润率,假如按现在的水平估算,其商誉已数倍于账面价值。

最近,公司董事会正在商讨将胜利公司与另一家大公司合并。鉴于目前公司盈利能力较好、市场占有率较高,一部分董事提出应将账面上的商誉进一步增大,以真实反映公司的财务状况,另一部分董事则认为公司以前对账面商誉未进行分期摊销的会计处理不妥,坚持要在合并前将公司账面上的商誉消除,以免引起外部人员的质疑。

【问题思考】

1. 你认为商誉的实质是什么?为什么商誉的账面价值与实际价值会有如此大的差异?

2. 现行会计准则为何要把商誉从无形资产中分离出来单独核算?

3. 分别评述该公司对商誉两种观点的不同处理方法。

【准则依据】

1.《企业会计准则第 6 号——无形资产》应用指南:本准则不规范商誉的处理。

2.《企业会计准则第 20 号——企业合并》第七条规定了商誉的确认:非同一控制下的企业合并,企业合并成本大于合并中取得被购买方可辨认净资产的公允价值的差额,确认为商誉或计入当期损益。

3.《企业会计准则第 8 号——资产减值》第七条中对商誉的减值处理的有关规定。

【参考提示】

商誉是所有资产中唯一不可辨认的特殊资产,此外,它还具有不可计量性和不可分离性。因此,商誉的会计问题也一直颇有争议,存在不同的理论观点与处理方法。我国的会计准则对此也不断有所发展和完善。2006 年颁布的新会计准则对商誉的认定与处理有较大的变动,除了把商誉从无形资产中分离出来单独列示外,还包括商誉的会计确认、计量及披露。尤其是商誉的减值测试。

上述案例对商誉的两种不同处理都过于极端,2006 年颁布的《企业会计准则》应用指南对商誉的会计核算提供了较为具体的指导。

(撰稿:张其秀)

第三章　负　债

案例 3.1　该项借款利息应计入存货成本吗

【背景资料】

四海船业有限责任公司(以下简称“四海公司”)是一家专门从事远洋船舶制造业务的企业。2010 年 5 月 5 日,四海公司与东海远洋运输有限责任公司(以下简称“东海公司”)签订了一份合同,为东海公司建造一艘大型车辆滚装船,预计整个建造工期为 22 个月。工程于 2010 年 7 月 1 日正式开工。由于建造该大型车辆滚装船前期所需资金量比较大,而东海公司首期的预付款远远不能满足其前期投入资金量的需要,因此,四海公司于 2010 年 6 月 30 日向银行借入 3 年期到期还本付息、年利率为 10%、不计复利的专门借款 800 万元,以用于购置制造该大型车辆滚装船所需的主要原材料钢材等。

2010 年 12 月 31 日,四海公司各项银行借款应计提的利息共 96.65 万元,那么,四海公司的会计人员应如何对这些利息支出进行核算呢?是否按常规将利息计入财务费用呢?

【问题思考】

1. 2010 年四海公司的借款费用是否会对当期的存货成本产生影响?

2. 根据现行会计准则,四海公司应如何分别处理不同的借款利息?

【准则依据】

1.《企业会计准则第 17 号——借款费用》:企业借款购建或者生产的存货中,符合借款费用资本化条件的,应当将符合资本化条件的借款费用予以资本化。

2. 符合借款费用资本化条件的存货,主要包括企业(房地产开发)开发的用于对外出售的房地产开发产品,企业制造的用于对外销售的大型机械设备等。

【参考提示】

该案例中,四海公司 2010 年度计提的银行借款利息 40 万元,按照现行会计制度的要求,现行准则规定将借款费用资本化的范围扩大到某些存货项目中,如需要通过相当长时间的生产活动才能够达到可销售状态的存货,应将有关的借款费用计入存货成本,这样,四海公司当年用于船舶建造的专项借款费用当然会对当期的存货成本产生影响。

为此，2007 年计提的银行借款利息共 96.65 万元，其中按《企业会计准则第 17 号——借款费用》规定计算的符合资本化条件的借款利息为 40 万元(800 万×10%/2)，应计入存货成本，其余 56.65 万元计入发生当期的财务费用。

（撰稿：张其秀、程婧）

案例 3.2　建设项目借款费用资本化

【背景资料】

宏远公司于 2007 年 1 月 1 日动工兴建一幢办公楼，整个工期为 1 年，工程采用出包方式，宏远公司分别于 2007 年 1 月 1 日、7 月 1 日和 10 月 1 日支付给建筑承包商工程进度款3 000万元、6 000万元和2 000万元。办公楼于 12 月 31 日完工，达到预定状态。公司为建造该办公楼发生了两笔专门借款，分别为：

第一，2007 年 1 月 1 日专门借款 4 000 万元，借款期限为 3 年，年利率为 8%，利息按年支付。

第二，2007 年 7 月 1 日专门借款 4 000 万元，借款期限为 5 年，年利率为 10%，利息按年支付。

公司将暂时闲置的专门借款资金均用于固定收益债券短期投资，假定该短期投资月收益率为 0.5%。公司为建造办公楼的支出总额为11 000万元(3 000+6 000+2 000)，超过了专门借款总额8 000万元(4 000+4 000)，占用了一般借款3 000万元。假定所占用一般借款有两笔，分别为：

1. 向 A 银行长期借款 4 000 万元，期限为 2006 年 12 月 1 日至 2009 年 12 月 1 日，年利率为 6%，按年支付利息。

2. 发行公司债券 20 000 万元，于 2006 年 1 月 1 日发行，期限为 5 年，年利率为 8%，按年支付利息。

【问题思考】

1. 新会计准则在界定借款费用范围方面有何变化？

2. 宏远公司工程项目所发生的不同期限借款费用应如何计算应予资本化的利息费用？

3. 你认为将借款利息资本化是否合理？

【准则依据】

1.《企业会计准则第 17 号——借款费用》第四条：企业发生的借款费用，可直接归属于符合资本化条件的资产的购建或者生产的，应当予以资本化，计入相关资产成本；其他借款费用，应当在发生时根据其发生额确认为费用，计入当期损益。

2.《企业会计准则第 17 号——借款费用》第六条：在资本化期间内“为购建或者生产符合资本化条件的资产而借入专门借款的，应当以专门借款当期实际发生的利息费用，减去将尚未动用的借款资金存入银行取得的利息收入或进行暂时性投资取得的投资收益后的金额确定”；“为购建或者生产符合资本化条件的资产而占用了一般借款的，企业应当根据累计资产支出超过专门借款部分的资产支出加权平均数乘以所占用一般借款的资本化率，计算确定一般借款应予资本化的利息金额。资本化率应当根据一般借款加权平均利率计算确定”。

可见，新准则规定将资本化期间内的专门借款的利息费用在扣减相关利息收入或收益后全部予以资本化；如建造符合资本化条件的资产占用一般借款的，其相关的利息费用也可以予以资本化。

【参考提示】

在旧《企业会计准则》中，可资本化的借款费用的范围十分狭窄，仅局限于为购置或建造固定资产而专门借入款项所发生的借款费用。

而新准则对可资本化的借款费用的范围做出了极大的扩充：就产生借款费用的借款类别来说，不仅包括专门借款，也包括了一般借款，只要借款费用直接归属于符合资本化条件的资产的购建或生产，即可按准则相关规定进行资本化；从借款费用所归属的资产来说，不仅包括固定资产，还包括投资性房地产和存货等资产（还可能包括无形资产，因为自行开发的无形资产所对应的借款费用如果符合新借款费用准则规定的条件则应予以资本化）。

根据新准则规定，本例中计算宏远公司建造办公楼应予资本化的利息费用金额如下：

1. 计算专门借款利息费用资本化金额

$$\begin{array}{c}\text{专门借款利息费用}\\\text{资本化金额}\end{array}=\begin{array}{c}\text{专门借款当期实际}\\\text{发生的利息费用}\end{array}-\begin{array}{c}\text{将闲置借款金额短期}\\\text{投资取得的投资收益}\end{array}$$

=(4 000×8%+4 000×10%×180/360)−1 000×0.5%×6=490(万元)

2. 计算一般借款利息费用资本化金额

$$\begin{array}{c}\text{一般借款利息费用}\\\text{资本化金额}\end{array}=\begin{array}{c}\text{累计资产支出超过专门借款}\\\text{部分的资产支出加权平均数}\end{array}\times\begin{array}{c}\text{所占用一般借款}\\\text{的资本化率}\end{array}$$

其中：累计资产支出超过专门借款部分的资产支出加权平均数

=(9 000−8 000)×180/360+2 000×90/360=1 000(万元)

一般借款的资本化率=(4 000×6%+20 000×8%)/(4 000+20 000)=7.67%

所以，一般借款利息费用资本化金额=1 000×7.67%=76.7(万元)。

（撰稿：张其秀、程婧）

第四章　所有者权益

第一节　投入资本

案例 4.1　实收资本等于注册资本吗

【背景资料】

三林公司原来由投资者方 A 和投资方 B 共同出资成立，每方出资 20 万元，各占 50% 的股份。经营两年后，三林公司经营已略有起色，市场也已逐渐打开，公司规模也迫切需要扩大。于是，投资方 A 和投资方 B 决定增加公司资本，此时又有新的投资方 C 要求加入三林公司。经有关部门批准后，三林公司实施增资，将注册资本增加到 90 万元。经三方协商并一致同意，完成下述投入后，三方投资各拥有三林公司 30 万元注册资本，并各占三林公司 1/3 的股份。投资者三方出资情况分别如下：

1. 投资方 A 以一台设备投入三林公司作为增资，该设备原价 18 万元，已提折旧 9 000元，评估确认价 12 万元。

2. 投资方 B 以一批材料投入三林公司作为增资，该材料价值 18 万元，评估确认价 18.5 万元。

3. 投资方 C 以银行存款 30 万元投入三林公司作为投入资本。

【问题思考】

1. 三林公司的总投资是多少？实收资本是多少？两者与注册资本有何不同？

2. 对三林公司的三个投资方投入资本分别应如何进行会计账务处理？

【准则依据】

1.《公司法》。

2.《企业会计准则——基本准则》。

【参考提示】

我国有关法律规定，企业设立时，为使企业具备与其生产经营和服务规模相适应的资金数额，保证企业从事生产经营活动的需要，作为企业的所有者，必须向企业注入一定的资本金。资本金是指企业在工商行政管理部门登记的注册资本。设立企业必须达到法定注册资本的最低限额。资本金按照投资主体分为国家资本金、法人资本金、个人资本金以及外商资本金等。企业资本金的取得,可以采取国家投资、各方集资或者发行股票等方式筹集。

投资者按照企业章程或者合同、协议的约定,实际投入企业的资本,就是企业的实收资本。股份有限公司的投资者投入的资本是股本。投资者可以采用现金、银行存款、实物、无形资产等形式向企业投资。

可见,注册资本就是企业的法定资本,一般就等于实收资本,但有时两者并不完全相等。如果法律规定注册资本可以分期缴入,则中间会有时间间隔,这时注册资本就不等于实收资本。而企业的总投资就不一定等于注册资本了,因为有时总投资会大于注册资本,或者即使两者相等,有时投入的资金中可能会有借款,那这部分就属于负债了。如果投资者投入的资金超过其在注册资本中所占份额的部分,根据会计准则规定差额部分应记入"资本公积"账户(所有者权益类账户)。

(撰稿:张其秀)

第二节 留存利润

案例 4.2 现金股利与股票股利,何者更好

【背景资料】

中胜公司是一家上市的股份有限公司,在 2007 年 12 月 31 日资产负债表上,其股东权益部分如下:

股本(普通股 1 000 000 股)	1 000 000 元
资本公积(普通股溢价)	600 000 元
盈余公积	800 000 元
未分配利润	500 000 元
股东权益	2 900 000 元

中胜公司在过去的 3 年中,每年每股发放现金股利 0.18 元。公司考虑今后开发市场过程中流动资金需要的现金流,经董事会研究决定了 2008 年的利润分配方案,并在股东大会上宣告发放股票股利200 000股。在股票股利发放以后的当年财务报告中报披露中,公司又宣告发放现金股利,每股为 0.15 元。

证券投资者李林在几年前曾以每股 30 元购得该公司的普通股 1 000 股。

【问题思考】

1. 中胜公司发放股票股利前后的净资产是否有变化？为什么？

2. 李林 2008 年收到的现金股利与以前年度收到的现金股利是否一样？

3. 假如在发放现金股利的当天，股票的每股市价从 30 元跌至 25 元，请说明李林的股票投资是否有损失。

4. 请从公司与股东的不同角度来评价现金股利与股票股利的优劣。

【准则依据】

1.《企业会计准则——基本准则》。

2.《企业会计准则第 34 号——每股收益》应用指南。

【参考提示】

现金股利与股票股利是公司采用的两种不同的利润分配方法，采用不同利润分配形式，对公司账面结果与股东获利情况会有不同影响，从下面简单比较可知：

第一，对股东而言，分享现金股利：可获得现金。

分享股票股利：可增加股份数量，但股权比例不变。

第二，对公司而言，分配现金股利：企业资产减少（现金流出）。

分配股票股利：只是将留存利润转为投入资本，资产、负债及股东权益总额（即净资产不变）。

从公司的意图来看，分配现金股利主要为吸引投资者，因为大部分的股东喜欢变现的实际利益；而分配股票股利，公司则无需足够现金或可减少现金流出。

另外，采用两种不同分配方法其会计处理也不同：

在宣布现金股利时：

借：利润分配——应付利润

　　贷：应付股利

实际发放现金股利时：

借：应付股利

　　贷：现金

而在宣布股票股利时：

借：利润分配——应付利润

　　贷：股本

　　　　资本公积

可见，发放股票股利前后的公司的净资产，即股东权益是没有变化的。

理解了现金股利与股票股利的分配原理，案例中的计算问题就变得比较简单了。

（撰稿：张其秀）

第五章　其他会计要素

第一节　收　入

案例5.1　收入确认条件

【背景资料】

甲公司是一家商贸公司，为推销一种新产品，承诺凡购买新产品的客户均有3个月的试用期，在试用期内如果对产品的使用效果不满意，甲公司将无条件给予退货。2011年5月1日向乙公司销售一批此类新产品，商品已发出，乙公司已经全额付清款项。2011年5月4日，甲公司向丙公司销售一批其他商品，丙公司已经根据甲公司开出的发票账单支付了款项，取得了提货单，但甲公司尚未发货。

【问题思考】

1.甲公司对于上述销售业务是否能确认销售收入？为什么？

2.现行会计准则关于销售收入的确认条件是什么？

【准则依据】

《企业会计准则第14号——收入》第四条：销售商品收入同时满足下列条件的，才能予以确认：(1)企业已将商品所有权上的主要风险和报酬转移给购货方；(2)企业既没有保留通常与所有权相联系的继续管理权，也没有对已售出的商品实施有效控制；(3)收入的金额能够可靠地计量；(4)相关的经济利益很可能流入企业；(5)相关的已发生或将发生的成本能够可靠地计量。

【参考提示】

甲公司销售给乙公司的新产品不能确认收入，虽然已经收到货款，但是由于是新产品，甲公司无法估计退货的可能性，这表明产品所有权上的主要风险和报酬并未随产品的交付而发生转移，所以甲公司的该笔业务不能确认收入。

甲公司销售给丙公司的商品应当确认收入。丙公司支付款项并且取得了提货单，说明商品所有权上的主要风险和报酬已经转移给了丙公司，虽然商品甲公司未实际交付，但已经满足销售收入的确认条件,故应当确认收入。

（撰稿:沈璐）

第二节 费 用

案例 5.2 经营性收入费用的配比

【背景资料】

2008 年下半年的金融危机席卷全球,由于经济不景气,大部分企业业务量骤减。李华所在的东南贸易公司也未能幸免。原来的很多外贸订单被取消了一半。于是,公司开始精简机构、降薪裁员、减少企业开支,以应对公司所面临的困难。

对于李华来说,面前有三条路可供选择:

1. 继续留在原单位工作,保留原职,但年收入降为35 000元。
2. 分流待岗,收入打对折,但他的一位朋友开的快餐厅以每月2 000元工资待遇请他帮忙。
3. 辞职创业,他想投资 50 000 元开办一家酒吧。

经过再三考虑,反复权衡利弊后,李华决定自己创业开酒吧,以此证明自己的能力。

下面是该酒吧开业一个月的经营收支情况:

1. 预付半年酒吧的房租 18 000 元。
2. 购入各种饮料及酒类 7 500 元;本月耗用其中的 2/3。
3. 支付雇员工资 10 000 元。
4. 支付水电费等 1 200 元。
5. 取得当月的营业收入 35 000 元。

【问题思考】

1. 李华的选择是否正确,为什么?
2. 李华酒吧开业当月是赚钱还是亏本?
3. 如果照此经营情况,李华的初始投资多久能收回?

【准则依据】

《企业会计准则——基本准则》中的权责发生制与配比原则。

【参考提示】

我国《企业会计准则》规定：企业会计的确认、计量和报告应当以权责发生制为基础。权责发生制是企业会计确认损益的基础，它要求企业在确认本期收入和费用时，在实际发生时进行确认，不必等到实际收到现金或者支付现金时才确认，即以应收、应付为标准，所以又称为应计制。也就是说，企业会计在确认损益时，凡是当期已实现的收入和已经发生的费用或应当负担的费用，无论款项是否收付，都应当作为当期的收入和费用，计入利润表；凡是不属于当期的收入和费用，即使款项在本期收付，也不应当作为本期的收入和费用。

此案虽然只是选择个人创业经营盈亏计算中的一个十分简单的例子，其中计算之简单已无须解答，但它依然能从一定程度上反映出收支对应与配比是盈亏确定的基本点，个人经营计算如此，企业经营更是如此，且更应强调权责发生制与配比原则。由此可见，企业在核算不同会计期的经营成果时，首先应合理划分不同期间的经营收入与费用，并使之配比，唯有如此，才能合理确定企业的经营业绩。

（撰稿：张其秀）

第三节　利　润

案例 5.3　利润确定的基本原理

【背景资料】

李玉大学毕业后决定自己当老板，自己给自己发工资。于是他把自己家的一套500 000元商品房改造成了咖啡店专卖咖啡，又花了50 000元添置了一些经营设备。这50 000元是他向朋友借的，不算利息。他自己没有什么财务知识，因此没有记账，经过1年的经营，他想了解自己开店做老板到底是赚了还是亏了。以下是他经营1年的情况：

银行存款有20 000元。用于日常经营的现金有5 000元。店里储存的咖啡豆等原材料的购入成本为3 000元。由于人手不够，李玉请了一个服务员，说好了每个月就给2 000元工资，其余概不负责。但是至今还有3 000元工资没发给她。后来为了方便采购，李玉又花了20 000元买了一辆“奇瑞 QQ”，其中10 000元是李玉父母借给他的。咖啡店和车折旧共20 000元。由于李玉觉得从一开始咖啡店就经营不错，所以他每个月会从咖啡店收入中提3 000元用于个人支出。但是所有的借款他都还没还。

【问题思考】

根据以上资料，你认为李玉开店后的经营业绩如何？并用数据说明你的结果。

【准则依据】

1.《企业会计准则——基本准则》。

2.《企业会计准则第 30 号——财务报表列报》。

【参考提示】

根据资产、负债与所有者权益的平衡原理，首先，对李玉的 1 年的经营财务状况通过资产负债表反映，其中表内主要项目的计算如下：

货币资金＝25 000 元

存货＝3 000 元

固定资产＝500 000＋50 000＋20 000＝570 000元

累计折旧＝20 000元

资产总计＝25 000＋3 000＋570 000－20 000＝578 000元

借款＝50 000＋10 000＝60 000元

应付职工薪酬＝3 000元

投入资本＝550 000元

负债与所有者权益总计＝资产总计＝578 000元

未分配利润＝578 000－613 000＝－35 000元

然后，根据所有者权益中的未分配利润与本期实现净利润的关系，即：

期末未分配利润 ＋ 业主已提款金额 ＝ 本期共实现的净利润

那么，李玉1年经营的净利润计算如下：

－35 000＋3 000×12＝1 000元

因此，李玉当年咖啡店的经营成果为盈利1 000元。

（撰稿：王银凤）

案例 5.4　净利润与现金流的差异

【背景资料】

康健股份有限公司主要经营业务为医药制品的生产与销售。在过去几年中，医药市场的竞争十分激烈。为了增加利润的来源，公司早在 2002 年就介入了房地产市场的开发与销售。但前几年由于土地资源的稀缺引起地价不断上涨，加之近年房地产泡沫的破裂，而公司的管理层又未及时调整战略方向，使得公司的房地产开发成本要比市场的平均售价高出 25%。

另外，公司为了扩大市场占有率，放宽了信用条件，应收账款的平均收账期由原来的 3 个月逐渐放宽到 6 个月。房地产开发的投入不能很快收回，而开发资金大部分来自于银行贷款。为了及时偿还借款，公司被迫不断借新的贷款以偿还到期的贷款。公司陷入举新债还旧债的恶性循环。虽然筹资活动的现金流入与流出都很大，但净现金流量依然很少，不能为经营活动以及医药生产所需的投资提供有效的资金支持。

尽管如此，但毕竟经营房地产业还是高利润产业，即使已不像前几年那样暴利，更何况康健公司开发的房地产地理位置很好，地处繁华地段。因此，2007 年公司的净利润还比较可观。然而，现金流量表上反映的经营活动现金流为负数，总的净现金流量也为负数。公司的资金周转压力很大，财务经理为此非常着急，他正想与公司的其他高层管理者开会商讨如何采取新的措施来改变公司目前的困境。

【问题思考】

1. 你认为引起康健公司净利润与现金流差异的主要原因是什么？
2. 通过此案例，你对净利润指标有何理解？
3. 你认为如何才能客观评价一家企业的经营成果？

【准则依据】

1.《企业会计准则——基本准则》。
2.《企业会计准则第 30 号——财务报表列报》。
3.《企业会计准则第 31 号——现金流量表》。

【参考提示】

我国《企业会计准则》规定：企业会计的确认、计量和报告应当以权责发生制为基础。权责发生制是企业会计确认损益的基础，由此可见，利润表是建立在权责发生制的基础上的，即以应收、应付为标准来确定本期的收入与费用。因此，企业确定利润表中的净利润其实只是应实现的利润，并非实际已收到的现金利润。也许有些销售收入还处于应收账款中，尤其是那些赊销比例大且赊账期长的企业。而现金流量表则是在现金收付制的基础上编制出来的。即以实收实付为标准来确定现金流入与流出的。这样，在大部分情况下，利润表上的净利润与现金流量表中的净现金流会不一致，这种差异实际上是由权责发生制与现金收付制差异造成的。

现金流量表的主要功能之一是发现经营现金与净利润的差异，进而可分析企业净利润的质量。尽管不能得出现金流量与净利润越接近越好的结论，但是，如果一家企业的现金流量长期低于净利润，无疑会造成企业经营上的资金紧缺的困难，显然对企业的持续经营不利，相关利益集团的权益也不容易得到保障。

（撰稿：张其秀）

第六章 财务报告

第一节 财务报表编制

案例 6.1 财务报表项目计算方法

【背景资料】

华强公司是一家中等规模的民营企业，公司于 2011 年成立，并通过银行长期贷款融资。2012 年公司经营已有盈利，管理层打算进一步扩大经营、打开市场，并希望再适度融资。

为此，华强公司财务部需要对公司 2013 年的财务状况有个预测分析，该公司在 2012 年实际发生的主要财务数据如表 1 所示：

表 1 2012 年华强公司财务报表有关项目数据

项　目	金额（万元）	项　目	金额（万元）
销售收入	20 000	流动负债	10 000
净利润	1 200	长期负债	10 000
本期分配股利	360	负债合计	20 000
本期留存利润	840	股东权益	20 000
		资产总计	40 000

其中，流动负债为自发性无息负债，长期负债为有息负债，并且假设不变的销售净利率可以涵盖增加负债的利息，经营资产与经营负债与销售额保持稳定的百分比关系。每年的销售收入中，当年收到 70%，另外的 30%要到下一会计年度才能收到。

如果公司计划 2013 年销售增长率为 10%，考虑从外部筹集股权资本。预计 2013 年发生的经营性付现成本为 18 000 万元。此外，假设销售不受市场限制，并且不打算改变当前的资本结构、利润留存率和经营效率。

【问题思考】

请根据以上资料进行分析计算，为这家公司编制 2013 年公司的预计资产负债表、利润表和现金流量表。

【准则依据】

1.《企业会计准则第 30 号——财务报表列报》。

2.《企业会计准则第 31 号——现金流量表》。

【参考提示】

1. 根据 2012 年的数据，可以计算得到以下财务指标：

销售净利率＝1 200÷20 000＝6％

利润留存率＝840÷1 200＝70％

资产周转率＝20 000÷40 000＝50％

权益乘数＝40 000÷20 000＝2

资产负债率＝20 000÷40 000＝50％

2. 因为经营效率不变，即资产周转率不变，所以资产增长率＝销售收入增长率＝10％，资产总额＝40 000×(1＋10％)＝44 000 万元。

3. 因为经营效率不变，即销售净利率不变，所以 2013 年预计净利润＝20 000×(1＋10％)×6％＝1 320 万元。因为利润留存率不变，所以 2013 年利润留存＝1 320×70％＝924 万元。

4. 因为资本结构不变，所以 2013 年预计需要的权益资金增加额＝资产增加额÷权益乘数＝40 000×10％÷2＝2 000 万元。

从外部筹集权益资金＝需要的权益资金增加额－利润留存＝2 000－924＝1 076 万元。

5. 负债总额＝44 000×50％＝22 000 万元。

流动负债增加＝10 000×10％＝1 000 万元。

从外部筹集长期负债＝22 000－20 000－1 000＝1 000 万元。

6.2013 年预计销货现金收入＝2012 年销售收入×30％ ＋ 2013 年销售收入×70％＝20 000×30％＋20 000×(1＋10％)×70％＝21 400 万元，经营性现金流量＝21 400－18 000＝3 400 万元。

综上可得，在 2013 年资产负债表中，预计资产总额为 44 000 万元；负债为 22 000 万元，其中流动性负债为 11 000 万元，外部筹集 1 000 万元；所有者权益项目则为 22 000 万元，其中利润留存为 924 万元，从外部筹资额为 1 076 万元。

在 2013 年利润表中，净利润为 1 320 万元，利润留存为 924 万元。

在 2013 年现金流量表中，销货现金收入为 21 400 万元，经营性现金流量为 3 400 万元。

（撰稿：韩丽丽）

第二节 财务报表理解

案例 6.2 解读资产负债表

【背景资料】

飞黄公司是一家大型的家电公司，近几年来不断做强做大，发展势头甚好。为了更好地扩大市场占有率，实现其横向一体化战略，飞黄公司也在筹划着并购一些有潜力的企业。腾达公司则是刚刚兴办起来的规模较小的企业，虽然近几年尚未盈利，但其生产的一种独特的新型洗衣机操作方便，外观时尚，颇受消费者喜欢。正是看中这一项技术，飞黄的管理层有意兼并腾达公司，于是财务顾问便针对腾达公司财务状况进行深入分析。腾达公司的财务报表显示，企业资产总额 1 000 万元，其中，商誉 300 万元，该商誉系两年前腾达收购另一家公司时形成的，不曾摊销，也未计提减值准备；应收账款占比 25%，其中账龄 3 年以上的近 40%，但对此腾达也只计提了较低的坏账准备；负债 1 200 万元，所有者权益为－200 万元。飞黄公司的财务顾问认为，30%的资产由商誉组成，这不得不令人对其资产质量和潜在风险表示关注，倘若考虑今后像美国在线时代华纳公司那样，计提导致令投资者损失惨重的减值准备，则势必会影响今后的资产规模与利润；应收账款的高比例也令人怀疑其很有可能为刺激销售而大大放宽赊销条件，这种应收账款内部控制失效的状况也反映了其持续经营能力存在的重大不确定性；更令人担忧的是其资不抵债的状况，接受腾达公司就意味着也要承担起支付一笔数目较大的债务，增加公司的风险。一边是漏洞百出的财务状况，一边是深受市场欢迎的技术，腾达到底是"烫手山芋"还是"香饽饽"，飞黄公司的财务顾问陷入了两难的抉择中。

【问题思考】

1. 你认为飞黄公司的财务顾问应如何全面地向公司阐述腾达的经营与财务现状，应如何建议公司做出选择？

2. 在得知飞黄公司的担忧后，若你作为腾达公司的谈判代表，你将以什么理由凸显公司优势并说服飞黄公司的管理层？

【准则依据】

1.《公司法》。

2.《企业会计准则——基本准则》。

3.《企业会计准则第 30 号——财务报表列报》。

【参考提示】

1.《公司法》规定，公司合并时，合并各方的债权债务，应当由合并后存续的公司或新设的公司继承。

2. 对资产负债表中资产的计量有几种方式：一是以谨慎性为原则，以历史成本为基础，对存在减值状况的计提减值准备，例如应收账款、固定资产、无形资产等；二是以公允价值为计量的依据，资产的价值随公允价值的变化而变动，例如以公允价值计量的投资性房地产及交易性金融资产等。

【分析点评】

1. 对资产负债表的理解不能停留于表面形式，而应深入研究各项目的内涵，既要看到财务数据下隐藏的风险，也要看到其蕴含的潜力。针对腾达公司可以考虑以下几种因素：

(1)资产的组成比例，即资产结构的合理性；

(2)对于资产的可收回金额处理方式的稳健性；

(3)企业的品牌有一定的声望，具有无形资产性质；

(4)企业有自己的销售网络和目标群体；

(5)企业有自己的管理模式；

(6)企业新开发的产品体现了其技术；

(7)企业有房屋、建筑物和土地等资产，其价值将高于现有账面价值。

2. 报表阅读者不能孤立地理解资产负债表，不仅要结合经营状况、利润表、现金流量表进行分析，也要从附注中透视企业潜在的风险与增值因素。对于特殊项目应重点分析，例如应收账款、商誉等，并考虑存在问题的解决途径，等等。

（撰稿：韩丽丽）

案例 6.3 解读利润表

【背景资料】

广东德豪润达(股票代码为 002005)2012 年中期报告显示，2012 年上半年，公司实现主营业务收入 122 447.09 万元、营业利润－519.74 万元、净利润 12 182.91 万元，与 2011 年同期相比较的增减值为－1.01％、－804.02％、23.78％。

由于 LED 行业近几年投资快速增长，因此，广东德豪润达的 LED 业务面临激烈的市场竞争，其 2012 年上半年 LED 产品的销售低于公司的预期。又由于 LED 通用照明市场产能短期过剩、竞争加剧，因此造成公司利润下滑。此外，由于 LED 芯片价格整体处于低迷状态，以及公司 LED 外延及芯片设备的调试、量产的进度慢于预期，因此公司 LED 芯片项目的效益下降。上述种种因素都导致了 2011 年上半年与 2012 年上半年的营业利润为负数。

但国家和地方政府扶持 LED 节能环保产业的方向未变。2012 年 5 月，广东省人民政府提出,3 年内在全省公共照明领域全面普及 LED 照明产品、带动 LED 产业在 2015 年实现年产值 5 000 亿元以上的目标。

表 1 德豪润达比较利润表 单位:元

报表日期	2012 年 6 月 30 日	2011 年 6 月 30 日
一、营业总收入	1 224 470 933.05	1 236 973 140.39
营业收入	1 224 470 933.05	1 236 973 140.39
二、营业总成本	1 229 514 093.08	1 238 174 216.10
营业成本	911 674 193.72	998 283 244.04
营业税金及附加	8 716 790.97	4 610 014.88
销售费用	100 670 992.17	77 377 110.94
管理费用	177 734 212.84	120 308 617.11
财务费用	28 182 125.94	37 942 836.83
资产减值损失	2 535 777.44	−347 607.70
公允价值变动收益	207 957.98	−10 709.85
投资收益	−362 204.08	636 866.26
三、营业利润	−5 197 406.13	−574 919.30
营业外收入	155 028 713.98	134 833 666.70
其中:补贴收入	154 238 881.12	134 525 838.03
营业外支出	630 326.20	1 717 838.48
四、利润总额	149 200 981.65	132 540 908.92
所得税费用	27 371 857.28	34 116 520.65
五、净利润	121 829 124.37	98 424 388.27

【问题思考】

1. 根据德豪润达 2012 年半年度利润表,请你对该公司 2012 年的经营业绩及其未来经营情况的发展作一评价?

2. 选择近两年该公司的利润表数据,再作经营业绩比较分析。

【准则依据】

1.《企业会计准则——基本准则》。

2.《企业会计准则第 30 号——财务报表列报》。

【参考提示】

我国采用的是多步式的利润表,利润计算的各步骤都有一定的含义:

1. 营业利润是营业收入减去营业成本、营业税金及附加、销售费用、管理费用、财务费用、资产减值损失,加上公允价值变动损益及投资收益。营业利润是企业最基本经营活动的成果,也是企业一定时期获得利润中最主要、最稳定的来源。

2. 利润总额是营业利润加上营业外收入,减去营业外支出。一般认为,营业外收入和营业外支出与企业的日常经营管理没有直接联系,所以没有持续性。

3. 净利润是指在利润总额中按规定交纳了所得税后公司的利润留成,是一个企业经营的最终成果,是衡量一个企业经营效益的主要指标。

【分析点评】

德豪润达 2012 年中期营业利润比上年同期下降了 804.02%,如此暴跌,究其原因,在一定程度上是报告期内公司销售费用、管理费用等运营费用大幅增长所致。相比之下,LED 芯片价格的低迷与通用照明市场产能的短期过剩难以掌控,是影响公司经营业绩的更为值得关注的因素。公司经营业绩改善有待于市场环境的好转及国家价格政策的松动,公司自己的主动性不大。

虽然德豪润达 2012 年中期的净利润增长了 23.78%,但这种利润增长来源于补贴收入和其他的营业外收入的大幅增长,并不一定是可持续的,也说明了公司利润的质量不高,结构不合理。国家及地方政府近年来陆续出台了支持 LED 行业发展的优惠及补贴政策,如果此类政策发生变化,会直接影响公司获得政策性补贴的金额,从而影响公司的业绩,公司承担着一定的政策风险。根据公司目前所处的宏观经济背景与行业背景以及公司的内部状况,如果公司的经营仍保持现状,公司将来的业绩是不容乐观的。

（撰稿:韩丽丽）

案例 6.4　解读现金流量表

【背景资料】

大唐电信科技股份有限公司是以国有资产监督委员会下属的信息产业部电信科学技术研究院为主发起人组建的高科技企业。该公司主要从事各类通信设备系统、各类通信终端、计算机软硬件、系统集成,微电子元器件的开发、生产、销售,通信及信息系统工程设计与施工及信息服务业等业务。

表 1 是该公司 2010 年和 2011 年的现金流量表(补充资料部分)。

表 1　　大唐电信比较现金流量表(补充资料)　　单位:元

报告期	2011 年 12 月 31 日	2010 年 12 月 31 日
报表类型	合并报表	合并报表
净利润	70 734 617.12	151 222 380.69
资产减值准备	46 856 574.47	39 533 341.96
固定资产折旧、油气资产折耗、生产性物资折旧	43 401 672.27	54 882 292.68
无形资产摊销	68 485 402.13	53 562 583.68
长期待摊费用摊销	2 325 106.17	2 170 202.67
处置固定资产、无形资产和其他长期资产的损失	−14 407 074.82	−1 958 459.25
固定资产报废损失	0.00	0.00
公允价值变动损失	0.00	0.00
财务费用	141 248 673.25	91 461 276.77
投资损失	−7 443 241.41	−13 954 850.22
递延所得税资产减少	−7 824 281.70	−1 998 049.49
递延所得税负债增加	0.00	0.00
存货的减少	−60 472 525.31	−213 657 760.69
经营性应收项目的减少	−582 587 965.10	−350 966 611.52
经营性应付项目的增加	−75 231 983.43	172 710 665.98
其他	0.00	0.00
经营活动产生现金流量净额	−374 915 026.36	−16 992 986.74

【问题思考】

1. 从大唐电信的现金流量表补充资料上,你能得到大唐电信的哪些财务信息?
2. 查阅该公司近年的现金流量表,并作分析评价。

【准则依据】

1.《企业会计准则——基本准则》。
2.《企业会计准则第 30 号——财务报表列报》。
3.《企业会计准则第 31 号——现金流量表》。

【参考提示】

现金流量表补充资料主要是将净利润调节为经营活动现金流量,同时还列示不涉及现金收支的重大投资和筹资活动、现金及现金等价物变动情况等信息。将净利润调节为经营活动现金流量的过程反映了企业净利润及经营活动现金净流量之间差异产生的原因,从一定程度上说明了企业利润的质量。

【分析点评】

从大唐电信 2011 年和 2010 年的比较会计报表上,我们可以分析得出以下财务信息;

1. 该公司 2011 与 2010 年都取得了盈利,但是经营活动的现金流量却为负数。两年净利润与经营活动现金流量之间的差额都相去甚远,差额都上亿元,2010 年差额甚至达到 10 亿元以上。净利润与经营活动净现金流量有如此大的背离,说明企业可能一方面非付现成本与非收入性现金流入比例较小,也可能非费用性现金流出比例较大。

2. 非付现成本中主要有计提的资产减值准备、固定资产折旧、无形资产摊销等,三者都对将净利润调整为经营活动的现金流量起到了促进作用。

3. 经营性应收项目在 2010 年与 2011 年巨额增长,是形成两年经营活动现金净流入为负数的"罪魁祸首",若不考虑该因素的影响,两年的经营活动净现金流量则可能"扭转乾坤",变为正数。这主要是销售规模扩大、产品周期及客户结构变化所致。

4. 经营性应付款在 2010 年有较大的增长,说明当年企业经营性拖欠款严重,虽然有助于经营活动现金流量增加,但仍不能"力挽狂澜",另一方面也说明企业有一定的偿债问题。在此基础上,2011 年,经营性应付款减少,也在一定程度上导致了现金流减少。

5. 存货在两年都有较大的增长,尤其是在 2010 年,如此大比例存货的增长,也是导致现金流量减少的主要因素之一。

(撰稿:韩丽丽)

第三节 财务报表分析

案例 6.5 财务报表分析评价

【背景资料】

2011 年国内通胀压力持续增大,钢铁生产产能高位释放,下游需求增速放缓,钢铁产品市场供大于求、钢材价格处于频繁波动中,已经步入了"微利时代"。为改变当前产能过剩的现状,形成规模优势,提高产业集中度,增加行业竞争力,你所在的一个大型钢铁集团制定了并购几个大型钢铁企业的决策。以下是 2010 年和 2011 年的三钢闽光资产负债表与利润表情况。请审核以下几份财务报表(见表 1、表 2),并分析并购该公司的可行性。

福建三钢闽光股份有限公司由福建省三钢(集团)有限责任公司作为主发起人,联合厦门国贸集团股份有限公司等 8 家企业共同发起设立主要从事钢铁系列产品的生产和销售,是福建省内唯一采用焦化—烧结—高炉—转炉—连铸—全连轧长流程的钢铁生产企业，是目前福建省最大的钢铁生产基地。

表 1 三钢闽光比较资产负债表(摘要) 单位：元

报表日期	2011 年 12 月 31 日	2010 年 12 月 31 日	报表日期	2011 年 12 月 31 日	2010 年 12 月 31 日
货币资金	1 465 137 577.14	552 518 933.26	短期借款	2 966 000 000.00	2 952 000 000.00
应收票据	802 127 317.62	201 255 016.00	应付票据	120 000 000.00	0.00
应收账款	132.05	3 072 838.96	应付账款	853 903 132.89	693 920 173.67
预付款项	248 348 384.51	596 340 074.06	预收款项	747 945 628.77	1 071 571 495.86
其他应收款	17 071 707.32	2 334 998.86	应付职工薪酬	76 944 360.51	84 693 937.41
存货	2 131 923 585.75	2 326 815 691.00	应交税费	136 206 453.36	4 592 229.51
流动资产合计	4 664 608 704.39	3 682 337 552.14	应付利息	22 540 929.35	4 550 000.00
长期股权投资	200 699 952.40	166 992 459.79	其他应付款	33 621 489.46	31 712 840.90
固定资产原值	5 462 140 000.00	5 644 130 000.00	流动负债合计	4 957 161 994.34	4 843 040 677.35
固定资产净额	3 136 118 954.89	3 514 280 700.37	非流动负债合计	1 105 686 200.77	88 000 000.00
在建工程	931 800 185.40	225 868 613.64	负债合计	6 062 848 195.11	4 931 040 677.35
工程物资	61 000 091.94	18 602 767.19	股本	534 700 000.00	534 700 000.00
无形资产	7 009 385.19	7 854 405.18	资本公积	706 185 114.70	706 185 114.70
长期待摊费用	18 346 250.09	21 414 375.05	盈余公积	349 456 620.08	349 456 620.08
递延所得税资产	1 897 592.58	9 758 131.13	未分配利润	1 368 291 186.99	1 125 726 592.36
非流动资产合计	4 356 872 412.49	3 964 771 452.35	股东权益合计	2 958 632 921.77	2 716 068 327.14
资产总计	9 021 481 116.88	7 647 109 004.49	负债和股东权益总计	9 021 481 116.88	7 647 109 004.49

表 2 三钢闽光比较利润表(摘要) 单位：元

报表日期	2011 年 12 月 31 日	2010 年 12 月 31 日
一、营业总收入	19 281 868 933.71	15 980 005 884.95
营业收入	19 281 868 933.71	15 980 005 884.95
二、营业总成本	19 013 959 304.54	15 804 701 572.86
营业成本	18 396 163 408.76	15 335 138 110.69
营业税金及附加	58 194 338.74	36 825 483.89
销售费用	43 068 797.03	45 726 233.25
管理费用	167 607 895.22	159 776 096.87
财务费用	337 132 520.88	215 323 335.80
资产减值损失	11 792 343.91	11 912 312.36

续表

报表日期	2011 年 12 月 31 日	2010 年 12 月 31 日
公允价值变动收益	0.00	0.00
投资收益	37 644 228.77	24 217 905.65
三、营业利润	305 553 857.94	199 522 217.74
营业外收入	1 630 349.52	1 289 724.55
营业外支出	14 939 322.14	42 292 999.75
四、利润总额	292 244 885.32	158 518 942.54
所得税费用	38 986 290.69	48 575 500.71
五、净利润	253 258 594.63	109 943 441.83

【问题思考】

1. 从上述三钢闽光的会计数据上看，你认为该公司是否值得并购？
2. 评估一家公司的优劣，你认为哪些财务数据最值得关注？

【准则依据】

1.《企业会计准则——基本准则》。
2.《企业会计准则第 30 号——财务报表列报》。

【参考提示】

企业并购的目的是为了企业价值的最大化，是为了增强企业的市场竞争力和促进企业的长远发展，因此离不开对其在财务方面的评价。一般主要应考虑三个方面的因素：

第一，被并购企业的财产的公允价值同并购方所支付的对价比较是否物有所值。当然，这里所说的财产不仅包括报表中的有形资产、无形资产，还应包括由于各种原因未列入报表之中的财产，其中主要是无形的资产，如人力资源、市场前景等。

第二，企业的财务结构能够显示企业近期及远期在财务上的风险，也是并购后企业是否需要较大投入的考虑因素之一。

第三，企业的盈利能力和经营能力。销售毛利率＝毛利÷销售净额。该比率越高，表示获利空间越大；比率越低，表示获利空间越小。企业毛利较高，一方面说明企业直接成本较低，从另一方面也可说明企业行业处于较好的发展环境中。但在此环境下，如果企业没有较好地控制管理费用，产生浪费，应会使营业利润下降。应收账款周转率、存货周转率等能够显示企业的经营能力。如果经营能力不够理想，则说明对企业管理层应进行调整。

由此可见，在公司并购时，应着重考查分析被并购企业的财务状况及经营成果。

（撰稿：韩丽丽）

第七章　特殊业务会计

第一节　会计变更

案例 7.1　会计政策、会计估计变更和差错更正

【背景资料】

戴乐股份有限公司在 2008 年 2 月 1 日将一栋写字楼对外出租，采用成本模式进行后续计量。2010 年 2 月 1 日企业存在确凿证据表明其投资性房地产的公允价值能够持续可靠取得，满足采用公允价值模式条件。于是戴乐公司决定采用公允价值模式对该写字楼进行后续计量。2010 年 2 月 1 日，该写字楼的原价为 800 万元，已计提折旧 20 万元，公允价值为 900 万元。戴乐公司按净利润的 10%计提盈余公积。戴乐公司对于该笔业务按会计估计变更来进行处理。

【问题思考】

1. 指出该笔业务是属于会计政策变更还是会计估计变更以及理由。
2. 对于戴乐公司的这项业务，该如何处理？

【准则依据】

1.《企业会计准则第 28 号——会计政策、会计估计变更和差错更正》第三条：会计政策是指企业在会计确认、计量和报告中所采用的原则、基础和会计处理方法。

2.《企业会计准则第 28 号——会计政策、会计估计变更和差错更正》第六条：会计政策变更能够提供更可靠、更相关的会计信息的，应当采用追溯调整法处理，将会计政策变更累积影响数调整列报前期最早期初留存收益，其他相关项目的期初余额和列报前期披露的其他比较数据也应当一并调整，但确定该项会计政策变更累积影响数不切实可行的除外。

3.《企业会计准则第 28 号——会计政策、会计估计变更和差错更正》第八条：会计估计变更是指由于资产和负债的当前状况及预期经济利益和义务发生了变化，从而对资产或负债的账面价值或者资产的定期消耗金额进行调整。

【参考提示】

企业的会计政策和会计估计一经确定，不得随意变更，如需变更要根据准则的相关规定进行。投资性房地产后续计量模式的变更属于会计政策变更，应采用追溯调整法处理。另外，还需在会计报表附注中披露变更的性质、内容和原因以及影响金额数。

会计处理如下：

借：投资性房地产——成本	9 000 000	
投资性房地产累计折旧	200 000	
贷：投资性房地产		8 000 000
利润分配——未分配利润		1 080 000
盈余公积		120 000

（撰稿：王银凤）

第二节　租　赁

案例 7.2　经营性租赁与融资性租赁

【背景资料】

特能服装厂是一家制造企业。该厂在 2010 年 1 月 1 日租入一台生产设备 A，该生产设备全新时可使用年限为 8 年，已经使用了 3 年。租赁协议规定租赁期为 3 年，租赁期届满时服装厂有权以 20 000 元的价格购买租赁资产，在签订租赁协议时估计该租赁资产租期届满时的公允价值为 85 000 元。

2011 年 1 月 1 日，由于工厂扩大生产规模，又租入了一台全新的生产用设备 B，该生产设备预计可使用 10 年，租赁期为 4 年，租赁合同规定服装厂在租赁开始日支付租金 5 万元，第一年末支付租金 5 万元，第二年末支付租金 6 万元，第三年末支付租金 6.5 万元，第四年末支付租金 7.5 万元，租金总额为 30 万元。工厂在年末确认租金费用。

【问题思考】

1. 判断特能工厂的租赁属于经营性租赁还是融资性租赁。

2. 对于特能服装厂租入的设备 A 以及设备 B，该如何进行会计处理？

【准则依据】

1.《企业会计准则第 21 号——租赁》第五条：融资租赁是指实质上转移了与资产所有权有关的全部风险和报酬的租赁，其最终所有权最终可能转移，也可能不转移。

2.《企业会计准则第 21 号——租赁》第六条：符合下列一项或数项标准的，应当认定为融资租赁：(1)在承租期届满时租赁资产的所有权转移给承租人；(2)承租人有购买租赁资产的选择权，所订立的购买价款预计将远低于行使选择权时租赁资产的公允价值，因而在租赁开始日就可以合理确定承租人会行使这种选择权；(3)即使资产的所有权不转移，但租赁期占租赁资产使用寿命的大部分；(4)承租人在租赁开始日的最低租赁付款额现值，几乎相当于租赁开始日租赁资产公允价值，出租人在租赁开始日的最低租赁收款额现值，几乎相当于租赁开始日租赁资产公允价值；(5)租赁资产性质特殊，如果不作较大改造，只有承租人才能使用。

3.《企业会计准则第 21 号——租赁》第二十二条：对于经营租赁的租金，承租人应当在租赁期内各个期间按照直线法计入相关资产成本或当期损益；其他方法更为系统合理的，也可以采用其他方法。

【参考提示】

租入的设备 A 属于融资租赁。因为根据《企业会计准则第 21 号——租赁》第六条，尽管对设备 A 的租赁期占租赁资产尚可使用寿命的 60%(3 年/5 年)，没有超过准则规定的 75%，但是该厂对设备 A 的租赁满足融资租赁确认条件的第二项：承租人有购买租赁资产的选择权，所订立的购价(20 000 元)远低于预计行使选择权时租赁资产的公允价值(85 000 元)，因而在租赁开始日就可以合理地确定承租人将会行使这种选择权。

租入的设备 B 属于经营租赁。因为认定融资租赁应满足的标准中设备 B 均不符合。根据会计准则规定，对于经营性租赁支付的租金，承租人应在租赁期内各个期间按直线法及计入相关资产成本或当期损益，因此每年应分摊的租金为 7.5 万元。

（撰稿：王银凤）

第三节　债务重组

案例 7.3　非现金资产清偿债务

【背景资料】

森林公司是一家专门经营木材的商贸公司。201×年 2 月 10 日，森林公司销售一批原木材料给现代家具公司，同时收到现代公司签发并承兑的一张面值 10 万元、年利率为 7%、6 个月到期还本付息的票据。当年 8 月 10 日，现代公司发生财务困难，无法兑现票据。经双方协议，森林公司同意现代公司以一台设备抵偿债务。这台设备公允价值为 8.1 万元，历史成本为 12 万元，累计折旧 3 万元，已计提减值准备9 000元，另发生清理费用1 000元，森林公司未对债权计提坏账准备，假定不考虑其他相关税费。

【问题思考】

1. 现行会计准则对债务重组的会计处理有何重大变革？

2. 对于上述债务重组业务，你认为现代公司、森林公司分别作为债务人与债权人，各自应如何做会计处理？

【准则依据】

《企业会计准则第12号——债务重组》：以非现金资产清偿债务的，债务人应当将重组债务的账面价值与转让的非现金资产公允价值和相关税费之和的差额，确认为债务重组利得，计入当期损益。

【参考提示】

现行会计准则对债务重组的处理引入了公允价值的概念，改变了原来以账面价值作为记账基础、增值部分作为权益的思路，而以转出资产原账面价值和现时公允价值之差作为重组收益处理。

会计处理如下：

1. 现代公司（债务人）

借：固定资产清理	81 000	
累计折旧	30 000	
固定资产减值准备	9 000	
贷：固定资产		120 000
借：固定资产清理	1 000	
贷：银行存款		1 000

固定资产清理科目余额＝81 000＋1 000＝82 000（元）

借：应付票据	103 500	
营业外支出——处置固定资产净损失	1 000	
贷：固定资产清理		82 000
营业外收入——债务重组收益		22 500

2. 森林公司（债权人）

	借方	贷方
借：固定资产	81 000	
营业外支出——债务重组损失	22 500	
贷：应收票据		103 500

（撰稿：张其秀、程婧）

案例7.4　债务重组损益的处理

【背景资料】

德胜公司是一家经营文化用品的连锁企业，近年来随着国家文化教育事业的发展，文化用品市场需求越来越大，企业规模也得到快速发展，并建立了较广泛的客户网。因此，在销货过程中利用商业信用赊账销售也愈加频繁，但随之也带来了潜在的坏账风险。不久前，在与B公司的账款清算中就遇到麻烦，颇让财务经理头疼。

德胜公司在年初销货时收到了B公司的一张2万元的应收票据，在票据到期准备兑现时，却由于B公司资金周转临时发生困难，无法兑付票据。当时票据的累计利息为1 000元。这样，财务经理需要考虑债务重组方案了。

经过双方多次协商，看在B公司是多年的老客户份上，德胜公司同意B公司支付5 000元现金，同时转让一项无形资产予以抵债。该项无形资产的账面价值为1.4万元，但公允价值为1.3万元。B公司因转让无形资产应缴纳的营业税为900元。之前，B公司并没有对转让的无形资产计提减值准备，也不考虑其他相关税费。那么，双方需要进行债务重组中的会计处理，并考虑按新准则规定是否确认债务重组中产生的损益。

【问题思考】

1. 在现行会计准则下德胜公司与B公司分别应如何做会计账务处理？
2. 新旧会计准则对于债务重组的会计处理有何差异？

【准则依据】

《企业会计准则第12号——债务重组》：以混合方式重组债务，处理顺序按照旧准则，先以资产、资本抵偿债务，再按照修改债务条件的方式进行处理。债权人应当将重组债权的账面余额与收到的现金、接受的非现金资产按其公允价值、享有股份的公允价值、将来应收金额现值的差额(已计提减值准备的，应先冲减减值准备)，作为债务重组损失计入当期损益。受让非现金资产按其公允价值入账。如果涉及或有收益的，债权人不应将或有收益包括在将来应收金额中确认重组损失。

【参考提示】

两家公司会计处理分别如下：

1. B公司(债务人)

(1)计算：

债务重组日，重组债务的账面价值为20 000＋1 000＝21 000		
减：	支付的现金	5 000
	转让的无形资产公允价值	13 000
	支付的相关税费	900
	债务重组收益	2 100

(2)账务处理：

借：应付票据	21 000
营业外支出	1 000

贷:银行存款		5 000
无形资产		14 000
应交税费——营业税		900
营业外收入——债务重组收益		2 100

2. 德胜公司(债权人)

借:银行存款	5 000	
无形资产	13 000	
营业外支出——债务重组损失	3 000	
贷:应收票据		21 000

【分析点评】

新旧准则最大的差异就是公允价值的使用和债务重组收益计入当期损益而不是计入权益,因此采用新准则以后,发生债务重组将会影响企业的当期损益而不是权益。发生债务重组时,作为债务人是资产和负债同时减少,差额部分计入收益;作为债权人是一项资产的增加而另一项资产的减少,差额部分属于重组损失。

新准则与旧准则相比,更加符合国际惯例,也更适合我国当前实际情况,但是不足之处是,在会计信息相关性和可靠性不能兼顾的情况下,优先考虑相关性可能会降低会计信息的真实可靠程度,误导中小投资者。随着我国经济发展的市场化程度的不断提高和有关法律法规的健全,新准则将真正成为规范会计核算工作的有效制度。

(撰稿:张其秀、程婧)

第四节　非货币性交易

案例 7.5　非货币性交易中的资产计价

【背景资料】

红光公司与蓝天公司为了使各自的资源做到最优化配置,以最大限度地发挥资产的使用效率,管理层决定对资产进行重新整合。经过协商,红光公司以其拥有的专利权与蓝天公司生产用车床交换。红光公司专利权的账面价值为 400 万元(未计提减值准备),公允价值和计税价格均为 450 万元,营业税税率为 5%;蓝天公司生产用车床的账面原价为 500 万元,已提折旧为 50 万元(与税法规定的折旧方法一致),公允价值为 420 万元,在资产交换过程中发生车床搬运费 1.2 万元。蓝天公司另支付 30 万元给红光公司作为补价(假如不考虑城建税及教育费附加)。

【问题思考】

1. 两家公司之间的资产交易是否属于非货币交易？

2. 对两家公司之间的交易，分别应如何进行会计账务处理？

【准则依据】

1.《企业会计准则第 7 号——非货币性资产交换》第二条：非货币性资产交换，是指交易双方以存货、固定资产、无形资产和长期股权投资等非货币性资产进行交换。该交换不涉及或只涉及少量的货币性资产(即补价)。

2.《企业会计准则第 7 号——非货币性资产交换》应用指南：认定只涉及少量货币性资产的交换为非货币性资产交换，通常以补价占整个资产交换金额比例低于 25%作为参考。

【参考提示】

由于红光公司在该项交易中收到的补价/换出资产公允价值＝30/450＝6.67%＜25%，根据准则规定，应属于非货币性资产交易。

两家公司分别需要从不同角度进行账务处理。

1. 红光公司：

换入车床的入账价值＝450×(1＋5%)＝472.5(万元)

应确认的收益＝(472.5＋30)－(400＋22.5)＝80(万元)

借：固定资产——车床	4 725 000	
银行存款	300 000	
贷：无形资产		4 000 000
应交税费——应交营业税		225 000
营业外收入		800 000

2. 蓝天公司：

换入专利权的入账价值＝420＋1.2＝421.2(万元)

应确认的收益＝421.2－(500－50＋1.2＋30)＝－60(万元)(损失)

借：固定资产清理	4 500 000	
累计折旧	500 000	
贷：固定资产		5 000 000
借：固定资产清理	312 000	
贷：银行存款		312 000
借：无形资产	4 212 000	
营业外支出	600 000	
贷：固定资产清理		4 812 000

(撰稿：张其秀)

案例 7.6 非货币性投资的计价

【背景资料】

华林、德昌两家公司分别属于不同行业的独立公司,之前在经营上没有任何业务关系。2007 年 5 月 1 日,华林公司以本企业的固定资产对德昌公司投资,取得其 60%控股权的股份。该固定资产原值1 500万元,已提折旧 400 万元,已提减值准备 50 万元,在投资当日该设备的公允价值为1 250万元。德昌公司 2006 年 4 月 1 日所有者权益为2 000万元。

【问题思考】

1. 在现行会计准则下,对华林公司的这项长期股权投资应如何做出会计处理?
2. 在现行会计准则中,对非货币性投资引入公允价值,与原准则有何不同?

【准则依据】

1.《企业会计准则第 2 号——长期股权投资》:以非货币性资产交换取得的长期股权投资,其初始投资成本应当按照《企业会计准则第 7 号——非货币性资产交换》确定。

2.《企业会计准则第 7 号——非货币性资产交换》。

【参考提示】

华林公司对德昌公司投资的初始成本为该固定资产的公允价值1 250万元,该成本与固定资产的账面价值1 050万元(1 500－50－400)的差额 200 万元应作为营业外收入,会计处理为:

借:长期股权投资	12 500 000	
累计折旧	4 000 000	
固定资产减值准备	500 000	
贷:固定资产		15 000 000
营业外收入		2 000 000

【分析点评】

现行准则对其他方式获得的长期股权投资初始成本的确认引入了公允价值概念,这与旧会计准则明显不同。体现在以下几个方面:

1. 以发行权益性证券取得的长期股权投资,应当按照发行权益性证券的公允价值作为初始投资成本。

2. 投资者投入的长期股权投资,应当按照投资合同或协议约定的价值,作为初始投资成本;若合同或协议约定价值不公允,则应使用公允价值。

3. 通过非货币性资产和通过债务重组取得的长期股权投资,按《非货币性资产》、《债务重组》会计准则的规定处理,即其初始投资成本的确认均使用公允价值。

(撰稿:张其秀、程婧)

第五节　企业合并

案例 7.7　同一控制下合并

【背景资料】

永胜股份有限公司是华强企业集团公司下属的一家控股子公司，主要经营纺织品的批发与零售业务。近年由于纺织品市场难以拓展，公司的盈利目标无法突破。因此，公司管理层基于多元化经营使公司稳步发展的考虑，打算先通过长期股权投资来保持企业的持续发展。

2010 年 9 月 1 日，永胜公司从其母公司手中购买了母公司的全资子公司——S 公司 60%的股权，用银行存款支付的购买价款(合并对价)为 540 万元，另支付交易费用 1.5 万元。S 公司 2010 年 9 月 1 日所有者权益的账面价值为 680 万元。永胜公司 2010 年 9 月 1 日的资本公积为 90 万元，盈余公积为 50 万元，未分配利润为 190 万元。

【问题思考】

1. 你认为永胜公司和 S 公司之间的收购股权业务的定价会具有客观、公允性吗？为什么？

2. 如果确定了上述合并的性质，应如何进行相关的会计处理？

【准则依据】

1.《企业会计准则第 2 号——长期股权投资》。

2.《企业会计准则第 20 号——企业合并》：参与合并的企业在合并前后均受同一方或相同的多方最终控制且该控制并非暂时性的，为同一控制下的企业合并；同一控制下的企业合并，在合并日取得对其他参与合并企业控制权的一方为合并方，参与合并的其他企业为被合并方。

【参考提示】

根据现行会计准则规定，对于同一控制下的企业合并，合并方对于在企业合并中取得的资产和负债，应当按照合并日被合并方的账面价值计量。合并方取得的净资产账面价值与支付的合并对价账面价值(或发行股份面值总额)的差额，应当调整资本公积；资本公积不足以冲减的，调整留存收益。合并方为进行企业合并发生的各项直接相关费用，包括为进行企业合并而支付的审计费用、评估费用、法律服务费用等，应当于发生时计入当期损益。

我国会计准则对同一控制下的企业合并的会计处理采用权益联合法。

【分析点评】

由于永胜公司和 S 公司同属于一家母公司，即在同一母公司控制下，且收购股权达到

60%，因此，此项收购不仅是权益性的投资，而且是控股性的合并，将需要编制合并财务报表，故永胜公司对S公司的收购为同一控制下的企业合并，其会计处理按新会计准则中的有关同一控制下的企业合并会计处理方法。

永胜公司支付的S公司股权购买价款540万元，与永胜公司应分享的60%比例的S公司所有者权益账面价值之间的差额为132万元（＝540－680×60%），应当用于冲减永胜公司的资本公积，但永胜公司2007年9月1日的资本公积不足以冲减，故还需冲减盈余公积。

永胜公司2010年8月1日对合并S公司的会计处理如下：

借：长期股权投资——S公司	4 080 000	
管理费用	15 000	
资本公积	900 000	
盈余公积	420 000	
贷：银行存款		5 415 000

（撰稿：张其秀）

案例7.8　非同一控制下合并

【背景资料】

康德股份有限公司主要经营房地产开发业务。前几年由于房地产市场迅猛发展，公司业务如日中天，并因此积累了一定的资金。于是，公司管理层基于稳步发展考虑，准备下一步扩大长期股权投资。经过一段时间的市场调查，康德公司决定选择近年经营有一些滑坡的T公司。

2011年9月1日，康德公司购入T公司60%的股权，用银行存款支付的购买价款（合并对价）为550万元，另支付相关审计等费用1.5万元。收购前，康德公司和T公司之间不存在任何关联关系，也不受任何一方的控制。因此，两家公司之间的并购交易完全属于市场行为，收购价格也是经过专业人士客观评估后双方自愿达成的。

T公司2011年9月1日所有者权益的账面价值为680万元，T公司2011年9月1日的可辨认所有者权益公允价值为800万元。

假如康德公司用银行存款支付T公司的购买价款（合并对价）为470万元，虽然其他资料不变，但由于两种情况支付的购买价格不同，会计核算中有不同的处理。

【问题思考】

1. 康德公司在上述同样的购并业务中，如果支付不同价格，会计处理会有何不同？
2. 你认为现行企业会计准则中对负商誉的处理是否合理？为什么？

【准则依据】

1.《企业会计准则第 2 号——长期股权投资》。

2.《企业会计准则第 20 号——企业合并》:参与合并的各方在合并前后不受同一方或相同的多方最终控制的,为非同一控制下的企业合并。非同一控制下的企业合并,在购买日取得对其他参与合并企业控制权的一方为购买方,参与合并的其他企业为被购买方。

【参考提示】

根据现行企业会计准则规定,对于非同一控制下的企业合并,合并成本为购买方在购买日为取得对被购买方的控制权而付出的资产、发生或承担的负债以及发行的权益性证券的公允价值。

如购买方支付的合并成本大于合并中取得的被购买方可辨认净资产公允价值份额,此间的差额应当确认为商誉。

如购买方支付的合并成本小于合并中取得的被购买方可辨认净资产公允价值份额,此间的差额,应当按照下列规定处理:

1. 对取得的被购买方各项可辨认资产、负债及或有负债的公允价值以及合并成本的计量进行复核。

2. 经复核后合并成本仍小于合并中取得的被购买方可辨认净资产公允价值份额的,其差额应当计入当期损益。

我国现行企业会计准则对非同一控制下的企业合并的会计处理采用购买法。

【分析点评】

首先,康德公司收购了 T 公司 60%的股权,且康德公司和 T 公司在收购前无任何关联关系,所以,康德公司对 T 公司的收购为非同一控制下的企业合并,康德公司应按照支付的合并对价的公允价值和支付的相关交易费用来计量所取得的长期股权投资。

在第一种情况中:

康德公司支付的合并成本大于其取得的 T 公司购买日可辨认净资产公允价值份额:480 万元(=800×60%)

同时,应确认合并中产生的商誉:550－480＝70(万元)

因此,在购买日并没有涉及收购而引起的当期损益调整问题。

康德公司对此次收购的会计处理如下:

借:长期股权投资——T 公司	5 500 000	
管理费用	15 000	
贷:银行存款		5 515 000

此外,康德公司需在备查账簿中记录对合并成本的分配。

2011 年 9 月 30 日,康德公司还需编制合并资产负债表,其中将列示:

"商誉"70万元(＝550－480)。

在第二种情况中：

康德公司支付的合并成本小于其取得的T公司购买日可辨认净资产公允价值份额：

合并成本(471.5万元)－被合并方可辨认净资产公允价值份额(480万元)＝－8.5(万元)(负商誉)

因此,在购买日要涉及由收购而引起的当期损益调整问题,即对负商誉的处理。

根据现行企业会计准则规定,对合并成本小于其取得的T公司购买日可辨认净资产公允价值份额的差额(虽然新准则并没有提到负商誉,但实际上该差额就是以前确认的负商誉),经反复复核,该项差额计入当期损益。

康德公司对此次收购的会计处理如下：

借:长期股权投资——T公司	4 800 000	
贷:银行存款		4 715 000
营业外收入		85 000

(撰稿:张其秀)

第六节　内部控制

案例7.9　内控中的岗位分工

【背景资料】

宏远公司是一家大型的上市公司,它是一家生产型企业。2012年,国家颁布《企业内部控制评价指引》,要求对在中国境内设立的大中型企业的内部控制有效性进行评价,形成评估结论,并出具报告。以下是宏远公司销售与收款制度的几个方面：

1. 为提高销售效率和扩大销售业绩,公司允许销售业务员根据销售经验决定新客户的信用额度并直接销售；

2. 财务部记录应付账款后根据以往经验估计计提坏账准备金额；

3. 出纳员根据已复核的收款记录登记日记账,并定期与银行对账单进行核对。

近年来,宏远公司主营业务收入稳定,利润可观,因此公司认为其运作平稳健康,销售与收款制度合理有效。

【问题思考】

如果你是负责审计宏远公司的注册会计师,请分析它在销售与收款制度方面的问题。

【准则依据】

1.《企业内部控制基本规范》。

2.《企业内部控制应用指引》。

【参考提示】

宏远公司的销售与收入制度不符合内部控制规范，存在很多漏洞。

1. 如果是新客户，销售经理应当对客户进行背景调查，获取包括信用评审机构对顾客信用等级的评定报告等，并附相关资料交至信用管理经理审批。管理层必须审批所有销售订单，超过特定金额或毛利异常的销售应取得较高管理层的核准。

2. 对于应收账款坏账准备计提方法和计提比例的会计估计应由董事会制定并批准，财务部根据董事会批准的计提方法计提坏账准备。

3. 出纳员根据经复核无误的收款凭证及时登记现金和银行存款日记账，每月末，由会计主管指定出纳员以外的人员核对银行存款日记账和银行对账单。

（撰稿：王银凤）

案例 7.10 内控制度的健全完善

【背景资料】

天云集团股份有限公司为了提高公司的治理效率，建立了内部会计控制制度。建立内部会计控制制度主要是为了达到以下基本目标：(1)规范公司会计行为，保证会计资料真实、完整，提高会计信息质量；(2)堵塞漏洞、消除隐患，防止并及时发现、纠正错误及舞弊行为，保护公司资产的安全、完整；(3)确保国家有关法律法规和公司内部规章制度的贯彻执行。财务负责人对内部会计控制制度的建立健全及有效实施负责。

公司内部会计控制制度的建立遵循了以下原则：

1.内部会计控制制度符合国家有关法律法规和财政部《企业内部控制基本规范》，以及公司的实际情况。

2.内部会计控制制度约束公司财务会计部的所有人员，部门内任何个人都不得拥有超越内部会计控制制度的权力。

3.内部会计控制制度应当涵盖财务会计部的各项经济业务及相关岗位，并应针对业务处理过程中的关键控制点，落实到决策、执行、监督、反馈等各个环节。

4.内部会计控制制度保证公司内部涉及会计工作的机构、岗位的合理设置及其职责权限的合理划分，坚持不相容的职务相互分离，确保不同机构和岗位之间权责分明，相互制约、相互监督。

5.内部会计控制制度遵循成本效益原则，以合理的控制成本达到最佳的控制效果。

6.内部会计控制制度每两年进行一次修订和完善。

【问题思考】

请指出该公司在内部控制方面所存在的缺陷，并说明理由。

【准则依据】

《企业内部控制基本规范》。

【参考提示】

该公司"财务负责人对内部会计控制制度的建立健全及有效实施负责"，违反了《企业内部控制基本规范》第二章第十二条的规定，即"董事会负责内部控制的建立健全和有效实施。监事会对董事会建立与实施内部控制进行监督。经理层负责组织领导企业内部控制的日常运行。"另外，该公司内部会计控制制度的建立所遵循的原则存在如下问题：

1. 该公司"内部会计控制制度约束公司财务会计部的所有人员，部门内任何个人都不得拥有超越内部会计控制制度的权力"不正确，内部会计控制制度针对的不仅仅是财务会计部，应当约束单位内部涉及会计工作的所有人员，任何个人都不得拥有超越内部会计控制制度的权力。

2. 该公司"内部会计控制制度应当涵盖财务会计部的各项经济业务及相关岗位"不正确，内部会计控制制度应当涵盖的是单位内部涉及会计工作的各项经济业务及相关岗位。

3. 该公司"内部会计控制制度每两年进行一次修订和完善"不正确，内部会计控制制度应随着外部环境的变化、单位业务职能的调整和管理要求的提高，不断修订和完善。

（撰稿：王银凤）

第二篇　管理会计

社会效益等指标也要综合考虑。

【参考提示】

要不要接受特殊订货首先要看特殊订货本身有没有对企业做贡献，即边际贡献是否大于零；其次还要分析当企业的生产能力有限时，接受特殊订货所增加的贡献毛益是否大于因接受特殊订货而导致的正常销售量下降所减少的贡献毛益。总之，要不要接受特殊订货关键看接受后的利润和不接受的利润哪一个大。当然，如果选择加班方式的话，就要比较增加的收益和成本哪一个大，如果增加的收益大于增加的成本，则加班就是可选方案；否则，就应放弃。

【分析点评】

1.总经理的意见是不对的，因为产量增加，固定成本并不增加，只要售价高于变动成本，是可以接受的。

2. 按照生产经理计算增加的单位成本：

生产成本是 5.625 元，其中：原材料 4.025 元，加工费 0.975 元，管理费用 0.625 元；销售费用 0.2 元，变动成本合计 5.825 元。

企业的利润为 43 500 元；其中：原来的利润 30 000 元，10 000 双降价出售损失为 20 000元，20 000双增加的销售收益为 33 500 元。即接受订货可增加利润为13 500元。

3. 按销售经理的建议增加 10 000 双生产的单位变动成本是 7.625 元；其中：增加生产的成本为5.825元，加班费为1.8元；付加班费后这10 000双是亏的。企业获得的总利润是62 250元。

4. 应该采用销售经理的意见，对企业的利润最大。

5. 如果加班费是 40 000 元，则企业的利润为 40 250 元(＝80 250－40 000)。

利润虽然没有生产经理的方案多[3 250 元(＝43 500－40 250)]，但是为了保证生产产品的市场占有率，应该考虑采用销售经理的方案。

（撰稿：于团叶）

成本和混合成本。变动成本是指成本总额随业务量的增减变化而成正比例变化。例如，生产成本中的直接材料、直接人工、制造费用中随业务量成正比例变动的间接材料、燃料、动力等；按产量法计算的折旧费，期间成本中按销量计算的销售人员的佣金、装运费、包装费等。固定成本是指成本总额在一定的时期和一定的范围内，不受业务量增减变动影响而固定不变，但单位固定成本与业务量成反比的成本，例如，固定性制造费用、固定性销售费用、固定性管理费用等三部分。具体包括：差旅费、租赁费、保险费、广告费、劳动保护费、办公费、管理人员工资、按直线法计算的固定资产折旧等。混合成本是指成本总额与业务量之间既非完全固定不变，也不随业务量完全成正比例地变动，不能简单地将其列入固定成本或变动成本的成本，例如，企业需要缴纳的大多数的公用事业费（电话费、电费、水费、煤气费等）、销售人员的薪金（底薪＋提成）或者各种违约金、罚金等。

建立在成本按成本性态分析的基础之上，产生了企业决策所使用的变动成本计算法。所谓变动成本计算是指，在计算产品成本时，只包括产品在生产过程中直接消耗的直接材料、直接人工和变动性制造费用等变动性生产费用，而不包括固定性制造费用。所有固定性制造费用和非生产费用均作为期间成本，在发生的当期全额从当期收入中扣除。与变动成本计算法对应的是传统成本计算法，也称完全成本计算法或吸收成本计算法，即产品成本包括直接材料、直接人工和制造费用（包括变动性制造费用和固定性制造费用）。非生产性费用作为期间费用全部从当期收入中扣除。

变动成本计算法能够提供每种产品的盈利能力信息，为正确制定经营决策以及进行成本的计划和控制提供依据，所以按变动成本计算法编制的损益表主要是满足企业内部经营管理的需要；而完全成本计算法从成本补偿的角度对应从产品销售收入中得到补偿的成本进行分析，强调成本补偿的一致性，同时也符合公认会计准则的要求，因此，按完全成本计算法编制的损益表主要是满足外界有关经济利益关系的集团和个人的需要。

企业在决策时，应根据报表使用人的不同而选择不同的方法编制财务报表并向他们提供。

【分析点评】

1. 本案例中财务经理的建议非常好，按他的建议今年实现的利润为：

5 000×(3 000－2 000－3 000 000/15 000)－3 000 000＝1 000 000(元)

去年的利润：

5 000×(3 000－2 000)－3 000 000－3 000 000＝－1 000 000(元)

2. 设：追加固定成本后，销量要达到 X 以上才能实现真正的盈利。

X×(3 000－2 000)－3 000 000－3 000 000－100 000－150 000＞0

X＞6 250(台)

即销量要达到 6 250 台以上才能实现真正的扭亏为盈。

（撰稿：于团叶）

案例 8.2　部门经理各抒己见：是否接受特殊订货

【背景资料】

上海 Mcre 制鞋厂是一家工业企业，2011 年夏季推出一款 Mcre 牌的塑胶凉鞋广受市场欢迎。产品研发部准备在 2012 年推出 Mcre 牌室内拖鞋，生产部门估算生产此类拖鞋的年生产能力为100 000双，销售部门预测编制的计划年度利润表如表 1 所示。2012 年初，好运宾馆直接来厂订货30 000双，但每双只愿出价 7.50 元，而且必须一次全部购置，否则不要。此项业务不会影响该厂在市场上的正常需要量。

表 1　　计划年度预计利润表　　单位：元

销售收入(80 000 双)	每双售价 10 元	800 000
	单位成本	总成本
生产成本	8.125	650 000
其中：原材料	4.025	322 000
加工费	0.975	78 000
管理费用	3.125	250 000
销售费用	1.50	120 000
其中：门市部销售计件工资	0.50	40 000
管理费用	1.00	80 000
税前利润	0.375	30 000

注：管理费用 80%是固定成本。

对好运宾馆的订货，总经理认为对方出价 7.50 元，大大低于生产和销售成本，而且还影响10 000双的正常销售，可能造成亏损，不应接受；生产经理算了一笔账，认为即使减少正常销售10 000双，按 7.50 元接受30 000双订货对企业还是有利的，应该接受。销售经理认为，正常销售量应该保证，不能减少。接受30 000双订货，缺少的10 000双可采取加班的办法来完成，但要支付加班费每双 1.80 元，其他费用不变。生产经理对销售经理的建议竭力反对，认为这10 000双肯定亏本。销售经理坚持认为这样对企业更有利。

【问题思考】

1. 总经理的意见对吗？
2. 生产经理的账是怎样算的？企业的利润是多少？
3. 按销售经理的建议，企业的利润是多少？
4. 应采用哪一种方案？
5. 如果加班 10 000 双，各方面费用要增加 40 000 元(包括加班费)，应如何决策？

【决策依据】

利润的高低是方案选择时首先要考察的指标。当然，除了利润指标外，市场占有率、

第八章　变动成本计算

案例 8.1　财务经理一夜之间“扭亏为盈”

【背景资料】

华谊有限公司是生产液晶电视的企业，最近两年连续亏损，2010 年和 2011 年对外公布的财务报表分别显示亏损 80 万元和 100 万元，若 2012 年继续亏损的话，金融机构将不再继续提供贷款。公司总经理为此非常着急，希望公司的财务经理拿出扭亏为盈的方案。财务经理在对本公司的财务报表进行分析之后得出，本公司生产的液晶电视的售价3 000元/台，2011 年生产并销售了5 000台，但企业的生产能力只利用了 1/3，每台液晶电视的变动成本2 000元，全年固定性制造费用 300 万元，固定销售和管理费用 300 万元。财务经理经过核算之后建议总经理 2012 年满负荷生产，即使不扩大销售，不提价也可以实现“扭亏为盈”：2012 年将实现盈利 100 万元，这样金融机构就不会停止对本企业的贷款。公司总经理为此非常纳闷：我们只是扩大了生产，并没有扩大销售，也没有降低成本，2011 年亏损的 100 万元怎么到了 2012 年一下子就变成了盈利 100 万元呢？总经理百思不得其解，怀疑财务经理在做假账，但财务经理否认自己做了假账，并对总经理说：“要想真正实现扭亏为盈，希望总经理追加 10 万元的广告宣传费和 15 万元的销售奖励来扩大销售，只要销量再增加1 250台，就可以实现真正的盈利。”总经理对此更是困惑不已。

【问题思考】

1. 财务经理的建议如何？按这个建议 2012 年将实现多少利润？

2. 2011 年为什么亏损 100 万元？为什么追加 10 万元的广告宣传费和 15 万元的销售奖励就可以实现真正的盈利？

【决策依据】

变动成本计算法和完全成本计算法是管理会计中使用的两种成本计算方法，到底应该选择哪种方法关键看信息的使用者，倘若是外部使用人则应该采用完全成本计算法，倘若是内部使用人则应该采用变动成本计算法，以帮助他们进行正确的决策。

【参考提示】

管理会计中成本按习性（成本总额与业务量之间的依存关系）可分为变动成本、固定

第九章　成本预测

案例 9.1　会计的两难选择：何种成本预测法更好

【背景资料】

王杰、李林、刘盛意是大华公司的 3 名会计人员，大华公司是具有 50 年生产大型重载齿轮箱及其他机械传动装置历史的专业制造企业，已经形成拥有产品设计、开发、经销、生产制造的"科、工、贸"一体化组织，机械加工设备及检测手段齐全，其主要产品是为起重、轧钢、挖掘、煤焦炉、锻压、航天发射、矿山、石油开采等设备设计制造的配套减速器，同时生产重型汽车的减速器、联轴器、涡轮丝杆升降机、齿轮齿座等。近几年由于市场的变化，该公司准备把生产重型汽车的减速器作为该公司的主打产品。市场部已经对该产品进行了市场调研，认为市场需求量很大，建议公司可以扩大该产品的生产及销售，但具体价格的制定需要在预测 2015 年产品成本的基础上进行一定的加成，以保证目标利润的实现。财务部分析了最近 5 年该产品的产量与成本资料，如表 1 所示：

表 1　　最近 5 年该产品产量与成本

年份	2010	2011	2012	2013	2014
产量(件)	250	200	300	360	400
总成本(元)	275 000	240 000	315 000	350 000	388 000

在对 2015 年该产品的成本进行预测时，会计人员王杰认为，采用高低点法进行预测比较合理，因为所收集的历史数据处在一个相关的范围之内，所以可以假定其成本与产量之间存在线性关系，即可用方程 $y=a+bx$ 表示。根据成本性态可知，a 在相关范围内是固定不变的，所以当产量增加而引起总成本的增量，就是由变动成本增加所引起的。通过计算出高低点的成本之差与高低点的产量之差之比，求出单位变动成本，然后将其代入总成本的方程中推算出固定成本的数值，写出总成本的表达式，最后预测出 2015 年的产量，从而计算出 2015 年的总成本，计算比较简便。

会计人员李林认为采用散布图法比较好。因为散布图法全面考虑已知的所有历史成本数据，排除了高低两点成本带来的偶然性，因而计算结果较高低点法精确。

而会计人员刘盛意认为采用回归直线法最好，因为相对于高低点法和散布图法，它是一种更为精确的方法。

【问题思考】

1. 王杰、李林、刘盛意 3 人的观点正确吗？为什么？

2. 面对未来的预测，如何缩小成本预测的误差？

【决策依据】

一般而言，在预测成本时，定量的分析方法一般要比定性的分析方法好。在定量的分析方法中，预测结果越准确的方法应该是越好的方法。

【参考提示】

只要企业生产流程不发生重大变化，根据过去的生产经验，就可以准确地预计成本随产量变化而变化的情况。历史成本分析法正是根据这一原理，通过对历史数据的分析，依据以前各期实际成本与产量间的依存关系，来推算一定期间固定成本和单位变动成本的平均值，并以此来确定所估算的未来成本。至于历史成本分析法的准确程度，则取决于用以分析的历史数据的恰当程度。历史成本分析法主要包括高低点法、散布图法以及回归直线法。

【分析点评】

王杰、李林、刘盛意 3 人的观点都有道理。高低点法虽具有运用简便的优点，但它仅以高低点决定成本性态，因而带有一定的偶然性。所以这种方法通常只适用于各期成本变动趋势较稳定的情况。如果各期成本波动较大，仅以高低点的成本代表所有成本的特性，会给计算结果带来较大的误差。散布图法的主要优点在于全面考虑已知的所有历史成本数据，排除了高低两点成本带来的偶然性，因而计算结果较高低点法精确。同时，以图示反映成本性态更为直观和易于掌握。但由于目测画出的反映成本变动趋势的直线，仍带有一定程度的主观随意性，所以还不能十分精确。相比较而言，这两种方法得到的都是近似值，只有回归直线法所得到的是较为精确的结果，但回归直线法的工作量也较高。

在实务中到底选择哪种方法，关键看对预测结果精确程度的要求以及达到这种要求所花费的成本大小。基于历史成本数据的分析，这三种方法没有本质的区别。但预测是面向未来的决策，预测的精确性决定未来决策的正确性，因此，还应结合未来可能出现的种种情况，对未来成本进行预测。

（撰稿：于团叶）

第十章　本—量—利分析

案例 10.1　何时才能盈利——盈亏临界点

【背景资料】

上海精义阀门有限公司是生产球阀、闸阀、截止阀、节流阀、止回阀各种阀门的工业企业，该公司 2010 年利润表如下：

销售收入(1 000 件)	600 000
—销售成本	400 000
销售毛利	200 000
—销售及管理费用	220 000
税前利润	—20 000

公司总经理就如何提高利润与财务部经理和销售部经理进行商讨。财务部经理对相关成本进行了成本特性分析：销售成本中 70%为变动成本，30%为固定成本；销售及管理费用中 60%为变动成本，40%为固定成本，然后提出了一个改进盈利能力的方案：对原材料质量要改进，投入的费用为每件增加 0.6 元；销售价格每件增加 0.6 元，销售量估计可增加 32%。企业的销售经理认为：增加销售量的有效途径是加大广告费用的投入，他建议销售佣金每件增加 0.2 元，广告费用增加 1.8 万元，这些措施到位后估计销售量可增加 25%。总经理看后提出了自己的疑问：哪种方案能更快地实现盈利呢？

【问题思考】

1. 计算该公司盈亏临界点的销售量和销售额。
2. 财务部经理提出的方案对企业盈利能力的影响如何？该公司新的盈亏临界点是多少？
3. 销售部经理的方案对企业的影响如何？新的盈亏临界点是多少？
4. 根据你的分析，应该采用哪个方案？

【决策依据】

利润是方案选择的主要指标，但除了利润，还需了解公司的盈亏临界点销售量和盈亏临界点销售额。

【参考提示】

本—量—利分析研究了销售数量、价格、成本和利润之间的数量关系，它们之间的基本关系为：

税前利润＝销量×(单价－单位变动成本)－固定成本总额

当利润等于0时的销售量称为盈亏临界点销售量或保本量，利润等于0时的销售额称为盈亏临界点销售额或保本额。如果考虑所得税的话，则它们之间的关系为：

税前利润×(1－所得税税率)＝销量×(单价－单位变动成本)－固定成本总额

实际或预计销售量(额)与保本量(额)之间的差额称为安全边际。通过比较不同方案的税前利润高低来选择方案。

【分析点评】

1. 单位售价：600 000/1 000＝600(元)

单位变动成本：(400 000×70％＋220 000×60％)/1 000＝412(元)

固定成本：400 000×30％＋220 000×40％＝208 000(元)

盈亏平衡点销售量：

208 000/(600－412)＝1 106.38 件≈1 107(件)

销售额：1 107×600＝664 200(元)

2. [(600＋0.6)－(412＋0.6)]×1 000×(1＋32％)－208 000＝40 160(元)

利润增加：40 160－(－20 000)＝60 160(元)

因为固定成本和单位边际贡献不变，所以盈亏平衡点的销售量依然是1 107件。

盈亏临界点销售额为：1 107×(600＋0.6)＝664 834.2(元)

3. [600－(412＋0.2)]×1 000×(1＋25％)－(208 000＋18 000)＝8 750(元)

利润增加：8 750－(－2 000)＝10 750(元)

盈亏临界点销售量：

(208 000＋18 000)/[600－(412＋0.2)]＝1 203.41(件)≈1 204(件)

盈亏临界点销售额：1 204×600＝722 400(元)

4. 财务经理提出的方案净增利润大，盈亏临界点比较低，更容易实现盈利，所以他的方案好一些。

(撰稿：于团叶)

案例 10.2　探讨利润降低的根源

【背景资料】

上海沪江公司是一家新开张的小型工业企业，主要生产工业用洗涤液。开业第一年产销量1 000桶，单位售价100元，单位变动成本50元，固定成本总额30 000元，年营业利润为20 000元。按变动成本法编制的利润表如表1所示。

表1　　利润表　　单位：元

项　目	金　额
主营业务收入	100 000(100元×1 000桶)
变动生产成本	50 000(50元×1 000桶)
贡献毛益总额	50 000
固定成本总额	30 000
息税前利润	20 000

开业第二年产销量为800桶，售价不变，销售收入80 000元；总成本70 000元（包括变动成本40 000元和固定成本30 000元），营业利润10 000元。该企业的总经理要求财务部分析一下利润降低10 000元的原因。财务部经理经过核算，提供了如下分析报告：

第一年：单位生产成本＝(50 000＋30 000)/1 000＝80(元)

单位息税前利润＝20 000/1 000＝20(元)

根据第二年资料，可计算出：

单位生产成本＝70 000/800＝87.5(元)

单位息税前利润＝10 000/800＝12.5(元)

上列资料表明：第二年单位生产成本提高7.5元，单位息税前利润下降7.5元，息税前利润总额减少10 000元。

对第二年资料进行分析：

产品成本降低额＝(80×800)－70 000＝－6 000(元)(超支)

产品成本降低率＝－6 000/(80×800)＝－9.375%

息税前利润减少10 000元的原因：

由于成本变动的影响＝单位生产成本降低额×本年产销量

＝－7.5×800＝－6 000(元)(超支)

由于产销量变动的影响＝基期单位息税前利润×产销量变动数

＝20×(－200)＝－4 000(元)(减少)

结论：第二年成本比第一年成本超支6 000元，超支率9.375%。息税前利润减少10 000元，是由于成本超支使息税前利润减少6 000元，产销量减少200件使息税前利润减少4 000元，故营业利润总额减少10 000元。

【问题思考】

1. 你认为财务部经理的分析正确吗？为什么？

2. 利润降低的根本原因是什么？为什么？

【决策依据】

在对内提供分析报表时，应该选用本—量—利分析法而不是传统的分析法。

【参考提示】

当管理者所做的决策影响产量时，就必然要了解这些决策对成本和收入有什么影响，确定对利润的影响，从而发现问题、分析问题，最终解决问题。

【分析点评】

财务部经理采用的传统的分析法，这种方法限于对外提供的财务报表的分析，在对内进行财务报表分析时，应该区分变动成本和固定成本，采用本—量—利分析原理进行分析。

采用本—量—利分析法对第二年的情况进行分析，第二年按变动成本法编制的利润表如表 2 所示。

表 2　利润表　单位：元

项　目	金　额
主营业务收入	80 000（100 元×800 桶）
变动生产成本	40 000（50 元×800 桶）
贡献毛益总额	40 000
固定成本总额	30 000
息税前利润	10 000

从表 2 可以看出，该企业第二年与第一年成本水平并无变化，即单位变动成本未变，固定成本总额也未变。按传统方法说成本超支 9.375%是不符合实际情况的。

在本—量—利分析中，影响息税前利润的因素有产销量、单价、单位变动成本、固定成本总额等四个因素。本例中只有产销量有变化，其他三项均无变化。因此，分析产销量变动对息税前利润的影响额为：

息税前利润变动额＝产销量变动数×单位贡献毛益＝－200×50＝－10 000（元）

可见，息税前利润减少 10 000 元完全是由产销量减少 200 件引起的，没有其他原因。

案例 10.3　如何实现目标利润

【背景资料】

上海东华公司是一家生产家用的高压锅企业。该公司在每只高压锅售价 400 元的假设下,编制了 2011 年的业务计划。计划中,每个高压锅的变动成本为 200 元,年固定成本为100 000元,该公司的目标税后净利润为240 000元,公司所得税税率为 25%。该公司在 2011 年第二季度的销售量增加,但在 4 月的财务报告显示,销售量并未达到预期水平,在该年的 4 个月中,只有 350 只产品是按照预定的价格和变动成本出售的。如果公司不采取行动的话,2011 年的预期税后利润很难实现。该公司的总经理成立了一个管理委员会,让他们去分析现状,并提出几个可选择的方案。以下是管理委员会提出的几个方案:

1. 将销售价格降低 40 元,销售部门预测,如果价格严重下跌,则在剩余的时间内可以销售2 700只产品。总固定费用和单位变动成本与预算保持一致。

2. 通过采用便宜的原材料和适当的制造技术来降低单位变动成本,每只可降低 25 元。销售价格同样也要降低 30 元,这样在未来的 8 个月中还可以销售2 200只产品。

3. 减少固定成本 10 000 元,销售价格降低 5%,变动成本保持不变。在未来的 8 个月中可以销售2 000只产品。

【问题思考】

1. 如果销售价格和成本结构保持不变,试计算为了盈亏临界点销售量和实现税后目标利润的销售量。

2. 判断为了实现目标税后利润,该公司应该选择哪一种方案?

【决策依据】

实现目标利润的销售量称为保利量,保利量越低的方案是越容易实现的方案,因而也是最佳方案。

【参考提示】

根据本—量—利之间的关系:税前利润×(1－所得税税率)＝销量×(单价－单位变动成本)－固定成本总额,计算盈亏临界点销售量以及实现税后目标利润的销售量;哪个方案的税后利润高,就选择哪个方案。

(撰稿:于团叶)

第十一章　短期经营决策

案例 11.1　生产何种产品为宜

【背景资料】

上海企山电器益群厂是一家电光源制造企业，主要进行灯泡、灯串的生产。在进行灯泡、灯串生产时，灯珠是其主要的配件。对于这种配件，企业可以自己进行生产，也可以从市场上购买。另外，在生产产品的决策上，企业现有的设备既可以用来生产灯泡，也可以用来生产灯串(每只灯泡和灯串都只需一只灯珠)，当然也可以同时生产这两种产品，但是在企业规模有限的情况下，如何实现企业利润的最大化？该企业的总经理要财务经理提供一份分析报告以供决策。

财务经理经过初步的估算得出，灯珠如果购买的话，外购单价为 10 元，如果自制的话，自制时每件变动成本为 6 元，同时也需要购买自制灯珠专用的设备，这项设备每年发生的折旧费用是2 000 000元。

财务经理通过对企业生产能力的分析，认为企业用来生产灯泡或灯串的设备最大生产能量为15 000 000定额工时，生产每只灯泡需要 3 个定额工时，生产每只灯串需要 5 个定额工时；同时，财务经理把从销售部门预测的灯泡和灯串的售价以及从成本核算部门取得的有关成本资料加以汇总，如表 1 所示：

表 1　　灯泡、灯串的售价及相关成本

产品名称	灯泡	灯串
销售单价	80 元	120 元
单位变动成本	30 元	45 元
固定成本总额	12 000 000 元	

【问题思考】

1. 该企业的灯珠是应该外购还是自制？
2. 该企业是应该进行灯泡的生产还是应该进行灯珠的生产？

【决策依据】

决策时，需要对成本进行分析，对于无关成本，决策时不予考虑。对于既有收入、又有成本资料的情况下，我们要通过比较利润的高低来决定方案的取舍；对于仅有成本资料的情况下，我们只能通过比较成本的高低来决定方案的取舍。

【参考提示】

判断零件是自制还是外购，关键看谁的成本低，谁的成本低就选择哪种方案；企业到底是生产何种产品，关键看在现有的生产能力下生产哪一种产品能为企业做出更大的贡献，或者说能为企业创造更多的利润，利润高的方案自然是可选方案。

【分析点评】

1. 本案例中，由于没有灯珠产销的预计资料，现假设该企业所需灯珠数为 x 只，为取得 x 只灯珠所需的成本总额为 y，则两种方案下的灯珠成本总额与业务量之间的表达式为：

外购：$y=10x$

自制：$y=2\ 000\ 000+6x$

假设两个方案的总成本相等时，此时的业务量为：$10x=2\ 000\ 000+6x$，$x=500\ 000$（只），即当所需灯珠为500 000只时，此时外购和自制的成本总额是相等的，当所需零件大于500 000只时，应该选择自制，因为此时外购的总成本高于自制；当所需的零件小于500 000只时，应选择外购，因为此时自制的总成本高于外购。

2. 假设企业现有的设备只生产灯泡，则最多可生产：15 000 000/3＝500（万只）；

如果仅生产灯串的话，最多可生产：15 000 000/5＝300（万只）；

灯泡的单位贡献毛利为：80－30＝50（元）；

如果仅生产灯泡的话，则灯泡的贡献毛利总额为：500 万只×50＝25 000（万元）；

灯串的单位贡献毛利为：120－45＝75（元）；

如果用来生产灯串的话，则灯串的贡献毛利总额为：300 万只×75＝22 500（万元）。

由于灯串的贡献毛利总额小于灯泡的贡献毛利总额，所以应该生产灯泡。

（注意：本案例中的固定成本是无关成本，在分析时可以不予考虑。）

（撰稿：于团叶）

案例 11.2　该半成品应出售还是再加工

【背景资料】

上海利德有限公司是一家食品加工企业，该公司由国有企业改制重新注册成立，注册资金1 000万元，现有生产车间 10 栋，设有半成品车间、糕点车间、面条车间、酱菜车间等，总资产达4 800万元。该企业的研发部门新研制了一种产品，生产部门预计 2012 年企业可生产半成品5 000吨，销售部门预计如果直接出售，单价为 20 元，财务部门估算其单位材料为 8 元，单位工资为 4 元，单位变动性制造费用为 3 元，单位固定性制造费用为 2 元，合计单位变动成本为 17 元。现该企业还可利用剩余生产能力对半成品继续加工后再出售，这样单价可以提高到 27 元，但生产 1 吨产成品，每吨需追加工资 3 元、变动性制造费用1元、分配固定性制造费用 1.5 元。该公司的财务经理预测了几种未来可能出现的情况：

1. 若该企业的剩余生产能力足以将半成品全部加工为产成品，如果半成品直接出售，剩余生产能力可以承揽其他零星加工业务，预计获得贡献毛利1 000元。

2. 若该企业要将半成品全部加工为产成品，需租入 1 台设备，年租金为25 000元。

3. 若半成品与产成品的投入产出比为 2∶1。

【问题思考】

请针对以上情况进行分析，帮助财务经理进行相应的决策。

【决策依据】

判断是直接出售还是再加工的关键是比较利润大小。

【参考提示】

采用差量分析法对利润高低进行比较。在决策时，机会成本是相关成本，需加以考虑。

【分析点评】

1. 对第一种情况的分析如表 1 所示。

表 1　对第一种情况的分析　单位：元

项目＼方案	继续加工	直接出售	差异额
相关收入	27×5 000＝135 000	20×5 000＝100 000	35 000
相关成本	21 000	0	21 000
其中：		0	
加工成本	4×5 000＝20 000	0	
机会成本	1 000	0	
差别损益			14 000

应继续加工，这样可多获利 14 000 元。

2. 对第二种情况的分析如表 2 所示。

表 2　对第二种情况的分析　单位：元

项目＼方案	继续加工	直接出售	差异额
相关收入	27×5 000＝135 000	20×5 000＝100 000	35 000

续表

方案 项目	继续加工	直接出售	差异额
相关成本	45 000	0	45 000
其中：		0	
加工成本	4×5 000＝20 000	0	
专属成本	25 000	0	
差别损益			－10 000

应直接出售，这样可多获利 10 000 元。

3. 对第三种情况的分析如表 3 所示。

表 3　对第三种情况的分析　单位：元

方案 项目	继续加工	直接出售	差异额
相关收入	27×2 500＝76 500	20×5 000＝100 000	－32 500
相关成本	10 000	0	10 000
其中：		0	
加工成本	4×2 500＝10 000	0	
差别损益			－42 500

应直接出售，这样可多获利 42 500 元。

（撰稿：于团叶）

案例 11.3 究竟应停产还是转产

【背景资料】

上海恒通企业生产三类产品：刨床、铣床和专用机床。2009 年该厂销售部门根据市场需求进行预测，计划部门初步平衡了生产能力，编制了 2009 年产品生产计划，财务部门打算据此进行产品生产的决策。

该厂多年生产的老产品刨床，由于造价高、定价低而长期亏损。尽管是亏损产品，但是市场上仍有其一定的需求量，为满足市场需要，仍继续生产。财务部门根据产品生产计划预测了成本和利润，如表 1 所示。

表 1　2009 年成本、利润预测表　单位：万元

产品	刨床	铣床	专用机床	合计
销售收入	654.6	630.7	138.3	1 423.6
销售成本	681.9	564.5	106.8	1 353.2
销售利润	－27.3	66.2	31.5	70.4

总经理阅读了该表以后，对财务部门提出了以下几个问题：

1.2009 年本厂目标利润能否达到 100 万元？

2. 刨床产品亏损 27.3 万元，影响企业利润，可否考虑停产？

带着这些问题，财务部门与销售、生产等部门共同研究以寻找对策。若干天后，他们提出了以下三个方案：

A 方案：停止生产刨床，按原计划生产铣床和专用机床。

B 方案：停止生产刨床后，根据生产能力的平衡条件，铣床最多增产 40%，专用机床最多增产 10%。

C 方案：进一步平衡生产能力，调整产品生产计划。该厂铣床系列是最近几年开发的新产品，由于技术性能好、质量高，颇受用户欢迎，目前已是市场供不应求的产品。故根据市场预测，调整产品生产结构，压缩刨床产品生产计划 30%，铣床在原方案基础上可增产 36%。

另外，财务经理运用回归分析法，在计算出单位产品变动成本的基础上，计算出了变动成本占销售收入的比率。在 2008 年的成本资料基础上，考虑到原材料调价因素，其结果如表 2 所示。

表 2　　各产品变动成本占销售收入的比率

产　品	刨床	铣床	专用机床
变动成本占销售收入的百分比	70%	60%	55%

【问题思考】

试通过分析比较为该企业确定最优方案。

【决策依据】

对于亏损产品是否停产、转产的决策原则是看其有没有为企业做贡献，同时还要考虑其机会成本。

【参考提示】

对于亏损产品如果其贡献毛益大于 0，同时也没有机会成本，就生产；若贡献毛益大于 0，同时也会发生机会成本，那就要分析把机会成本考虑在内后的贡献毛益是否大于 0，如果考虑机会成本之后的贡献毛益也大于 0，则可以进行生产，否则就要转产。假如这种产品本身的贡献毛益小于 0，是否转产或停产主要看这种产品有没有盈利的潜力，如果通过进一步降低成本、提高售价能使其贡献毛益大于 0，则可生产，否则就停产。

【分析点评】

该案例的分析如下：

1. 计算各产品的变动成本、贡献毛益和销售利润，如表 3 所示。

表 3　**各产品变动成本、贡献毛益和销售利润计算表**　单位:万元

项　目	刨床	铣床	专用机床	合计
销售收入	654.6	630.7	138.3	1 423.6
变动成本	458.2	378.4	76.1	912.7
贡献毛益	196.4	252.3	62.2	510.9
固定成本	223.7	186.1	30.7	440.5
销售利润	−27.3	66.2	31.5	70.4

2. 进行各种方案的计算和分析。

若选择 A 方案,停止生产刨床,按原计划生产铣床和专用机床的利润如表 4 所示。

表 4　**A 方案的利润**　单位:万元

项　目	铣床	专用机床	合计
销售收入	630.7	138.3	769
变动成本	378.4	76.1	454.5
贡献毛益	252.3	62.2	314.5
固定成本	440.5		440.5
销售利润	−126		−126

可见,由于刨床存在很大的贡献毛益,A 方案单纯停产刨床,停产后企业会出现亏损 126 万元。若选择 B 方案的利润如表 5 所示。

表 5　**B 方案的利润**　单位:万元

项　目	铣床	专用机床	合计
销售收入	883.0	152.1	1 035.1
变动成本	529.8	83.7	613.5
贡献毛益	353.2	68.4	421.6
固定成本	440.5		440.5
销售利润	−18.9		−18.9

B 方案仍然亏损,亏损额为 18.9 万元。若选择 C 方案的利润如表 6 所示。

表 6　**C 方案的利润**　单位:万元

项　目	刨床	铣床	专用机床	合计
销售收入	458.2	857.8	138.3	1 454.3
变动成本	320.7	514.6	76.1	911.4
贡献毛益	137.5	343.2	62.2	542.9
固定成本	440.5			440.5
销售利润	102.4			102.4

C 方案可达到目标利润 100 万元。最后,综合以上分析,应选择 C 方案。

(撰稿:于团叶)

第十二章 转让价格

案例 12.1 此产品以什么定价最合适

【背景资料】

深圳市艾尔奇电子科技有限公司是一家提供电子元器件配套服务的专业化公司。该公司由半导体和微机两个部门组成,每一个部门都是独立的利润中心。半导体部门生产Ⅰ型高效率的大规模集成电路和Ⅱ型普通的集成电路两种产品,有关的成本资料见表1所示:

表1　　半导体部门产品成本资料

项目＼产品	Ⅰ			Ⅱ		
材料	元件1个	@2元	2元	元件1个	@1元	1元
人工	2小时	@14元	28元	0.5小时	@14元	7元

半导体部门的全年固定费用为400 000元,生产能力为50 000小时/年。

到目前为止,只有一名客户利用Ⅰ发展其产品,该客户每年最大需求量为15 000件,单价60元。如果该公司满足了这家客户的需求,半导体部门的剩余生产能力可用于生产Ⅱ,单价为12元/件,无需求限制。

微机部门只生产单板机一种产品,每台售价140元。需要从国外进口一种复杂的电路板,单价60元。单板机的有关成本资料见表2所示:

表2　　微机部门单板机成本资料

材料	电路板	60元
	其他元件	8元
人工	5小时@10元	50元

产品研发部门研究表明,稍作改进,能将一件Ⅰ改为电路板的代用品。这种改进需人工1小时,从而每台单板机的人工为6小时/台,微机部门已要求半导体部门制定一个转

让价格，以便Ⅰ能全部销售。

【问题思考】

1. 销售部门预计2009年能销售5 000台单板机，从公司总体角度来考虑，应将多少Ⅰ转给微机部门来替代电路板？

2. 如果单板机的需求量确定为5 000台，而价格是不确定的，那么Ⅰ的转让价格为多少比较适宜(其他数据不变)？

3. 如果单板机的需求量上升到12 000台，其中多少台使用Ⅰ(其他数据不变)？

【决策依据】

评价公司转让定价的效果应兼顾两条主要标准：转移价格是否能诱导各“中心”制定出对公司业绩产生积极影响的经济决策，包括投资决策、中间产品产量决策、最终产品的产量决策等；转移价格是否能使各“中心”的业绩得到公正的衡量与评价，以及“中心”经理得到公平的奖励。

【参考提示】

内部转移价格主要包括市场价格、协商价格、双重价格和成本价格四种类型。市场价格是指以产品或劳务的市场价格作为基价制定的内部转移价格。采用市场价格，一般假定各责任中心处于独立自主的状态，可自由决定从外部或内部进行购销。同时，产品或劳务有客观的市价可采用；协商价格(议价)是指企业内部各责任中心以正常的市场价格为基础，通过共同协商，确定出的为双方所接受的内部转移价格；双重价格是指卖出方以市价计量，买入方按卖出方的变动成本计价；成本转移价格是指以产品或劳务的成本为基础而制定的内部转移价格，主要包括标准成本价格、标准成本加成价格、标准变动成本价格等。

【分析点评】

1. 半导体部门：Ⅰ的每小时边际贡献为15元；Ⅱ的每小时边际贡献为8元；生产Ⅰ后的剩余生产能力为20 000小时(50 000－15 000×2)。

微机部门：用电路板的边际贡献为22元(售价140－材料68－人工50)

　　　　　用Ⅰ的边际贡献为42元

方案一：不转让　Ⅰ：15 000×30＝450 000(元)

　　　　　　　　Ⅱ：40 000×4＝160 000(元)

　　　　　　　微机：5 000×22＝110 000(元)

　　合计：　　　　　　720 000(元)

方案二：转让5 000件Ⅰ需10 000小时，则Ⅱ要减产20 000件(10 000/0.5)。

则：　Ⅰ：15 000×30＝450 000(元)

　　　Ⅱ：20 000×4＝80 000(元)

　　微机：5 000×42＝210 000(元)

合计：　　　　　　　　　　740 000(元)

所以,应将 5 000 件Ⅰ转让给微机部门。

2. 采用Ⅰ的相关成本为:30＋4×4＝46(元)

电路板的相关成本为:60－10＝50(元)

所以转让价格应在 46～50 元。

3. 半导体生产部门外销Ⅰ后剩余生产能力为 20 000 小时,能生产10 000件Ⅰ供给微机部门,微机部门生产12 000台,其中2 000台要外购电路板。

如果外购 2 000 件电路板也改用Ⅰ代替,则Ⅰ外销要减少2 000件,外销一件Ⅰ有 30 元边际贡献,代替外购电路板只能增加 20 元边际贡献,反而不合算。

(撰稿:于团叶)

第三篇　税务会计

第十三章　流转税会计

案例 13.1　营业税改增值税

【背景资料】

四月广告公司是位于上海的广告业一般纳税人，其经营业务均在上海发生。2012年1月，为香山有限责任公司在上海电视台发布产品广告，收取了香山公司广告费用150万元，支付给上海电视台广告发布费65万元，并取得了增值税专用发票。上海电视台为一般纳税人。公司出纳小李听说了上海作为试点地区，自2012年起1月1日开始实施营业税改增值税税收政策之后，对公司会计小王说："营改增了之后，公司收到的增值税发票就可以作为进项税费抵扣了，那样公司交的税就少了，对公司很有利啊。"会计小王听了之后微微一笑说："那也不一定，说不定公司的税收负担反而重了。"

【问题思考】

1. 你认为小王说得对还是小李说得对？请试用计算结果支持你的结论。
2. 试说明营改增在什么情况下对企业有利，在什么情况下不利于企业。

【准则依据】

1.《财政部、国家税务总局关于营业税若干政策问题的通知》(财税[2003]16号)第三条第十八项：从事广告代理业务的，以其全部收入减去支付给其他广告公司或广告发布者(包括媒体、载体)的广告发布费后的余额为营业额。

2.《财政部、国家税务总局关于在上海市开展交通运输业和部分现代服务业营业税改征增值税试点的通知》(财税〔2011〕111号)附件2第一条第三项：试点纳税人提供应税服务，按照国家有关营业税政策规定差额征收营业税的，允许其以取得的全部价款和价外费用，扣除支付给非试点纳税人(指试点地区不按照《试点实施办法》缴纳增值税的纳税人和非试点地区的纳税人)价款后的余额为销售额。

3. 财税〔2011〕133号文件：服务业(原适用营业税税率5%)，包括代理业、仓储业、租赁业、广告业和其他服务业子税目；营业税改征增值税后，代理业中的货物运输代理和报关代理，仓储业，租赁业中有形动产租赁，广告业，其他服务业中的会议展览、合同能源管理服务等归属于现代服务业。

【参考提示】

取得增值税专用发票“营改增”前，四月广告公司缴纳营业税及附加为：

(150－65)×5%×(1＋7%＋3%＋2%)＝4.76(万元)。

“营改增”后，四月广告公司缴纳增值税及附加为：

[150÷(1＋6%)×6%－65÷(1＋6%)×6%]×(1＋7%＋3%＋2%)＝5.39(万元)。

经比较可见，“营改增”后，企业实际税负相比“营改增”前有一定幅度上升。这主要因为“营改增”后，广告业一般纳税人执行6%的增值税税率，较原缴纳营业税时适用的5%的税率上升1个百分点。但由于“营改增”前后计税方式的改变，抵消这1个百分点就变成可能。纳税人可通过改变成本模式、选择试点地区供应商等方式，尽可能多地取得增值税专用发票，这样取得的进项税额就可与当期销项税额相抵消，如果纳税人进项税额较多，税负就会比“营改增”前低。

（撰稿：王银凤）

案例 13.2　营改增房地产企业预收房款的预征税处理

【背景资料】

瑞华房地产开发公司为“营改增”一般纳税人，2017年销售自行开发的书香苑住宅项目，5月份，开始采用不同销售方式预售所开发的商品房：5月2日，瑞华公司采用预收款方式销售住宅，收到销售款8 000万元；5月8日，该公司采用诚意金方式销售住宅，取得诚意金1 500万元，其中300万元诚意金转成定金，并与业主签订购房合同；5月20日，该公司与业主签订购房合同，并收取定金200万元，同时发放优惠抵值卡300万元以作将来购房时直接抵减房款。

【问题思考】

1. 房地产企业营改增前后征税有何不同？

2. 对上述不同销售方式，瑞华公司应该如何作相应的会计处理呢？

【准则依据】

1.《财政部、国家税务总局关于全面推开营业税改征增值税试点的通知》(财税〔2016〕36号)。

2.《财政部办公厅关于增值税会计处理的规定(征求意见稿)》(财办会〔2016〕27号)。

【参考提示】

根据最新国家税务总局征税有关条例，房地产企业征税由以前按照“销售不动产”税目征收营业税(税率5%)改为征收11%的增值税。根据《企业会计准则》有关规定：房地产企业预售业务的会计处理为：当企业收到预售款项时，因不符合收入的确认原则，不确认收入而计入预收账款(负债)，营改增后，对预售收入，因未达到增值税纳税义务时间，只是需要在不动产所在地预缴增值税。但如果对预收款已开具发票，则达到了纳税义务发生时间，需要在机构所在地申报增值税。

本案例中的瑞华房地产公司采用不同销售方式预售住宅，应该根据最新征税条例规定，在收到预收款时按照3%的预征率预缴增值税。相关会计处理如下：

(1)预收款方式销售

已收的预收账款应预缴增值税＝8 000÷(1＋11%)×3%≈261(万元)

借:银行存款	80 000 000	
贷:预收账款		80 000 000
借:应交税费——预交增值税	2 160 000	
贷:银行存款		2 160 000

(2)诚意金方式销售

已转化为定金的诚意金应预缴增值税＝300÷(1＋11%)×3%≈8(万元)

借:银行存款	15 000 000	
贷:其他应付款		15 000 000
借:其他应付款	3 000 000	
贷:预收账款——定金		3 000 000
借:应交税费——预交增值税	80 000	
贷:银行存款		80 000

(3)定金方式销售

已收定金应预缴增值税＝200÷(1＋11%)×3%≈5(万元)

借:银行存款	2 000 000	
贷:预收账款		2 000 000
借:应交税费——预交增值税	50 000	
贷:银行存款		50 000

瑞华公司发放抵值卡不作账务处理，使用时视同行业折扣处理。

(撰稿:张其秀)

第十四章　所得税会计

案例 14.1　所得税的计税基础

【背景资料】

远东公司是一家颇具规模的大型集装箱制造企业，早在 2002 年 12 月 1 日公司就从日本进口了一项设备，账面价值包括买价、运杂费、保险费等为 90 万元。当时远东公司根据有关税法制度确定该台设备的账面价值和计税基础均为 90 万元，期末无残值。根据远东公司会计制度规定，该台设备一直按直线法折旧，会计折旧年限规定为 5 年；而税法制度规定的折旧年限为 6 年。在 2003～2008 年 6 年中，远东公司经营业绩比较稳定，各年均实现会计利润 100 万元，只是近年国家的会计准则与税法都在不断加速发展完善中，2003～2007 年间，企业适用所得税税率为 33%，2008 年改为 25%。2006 年国家已颁布了新会计准则。

因此，远东公司的会计人员正在不断加强后续培训，了解新准则与税法精神，以便正确合理地做好公司的各项会计核算。

【问题思考】

1. 你了解新旧会计准则中有关所得税计税的主要差异吗？

2. 对上述进口设备，远东公司是如何做出正确的所得税会计处理的？

【准则依据】

1.《企业会计准则第 18 号——所得税》第四条：企业在取得资产、负债时，应当确定其计税基础。资产负债的账面价值与其计税基础存在差异的，应当按照本准则规定确认所产生的递延所得税资产或递延所得税负债。

2.《企业所得税法》。

【参考提示】

新旧会计准则中有关所得税计税的主要差异在于计税基础上：

旧准则强调的是企业收入和费用与纳税收益和纳税扣除之间的差异，主要是从发生额的角度来进行分析，主要强调从损益表的角度进行分析；在这种计税基础上，旧准则强调会计收益与应纳税所得之间所存在的时间性差异和永久性差异，并分别采用不同的方法进行处理。

而新准则强调的是企业在特定日资产、负债的账面价值与该资产和负债的计税基础之间所存在的差异，主要是从余额的角度来进行分析；在这种计税基础上，新准则强调的是资产、负债的账面价值与其计税基础之间所存在的暂时性差异，并将这种暂时性差异对企业的影响分为递延所得税资产和递延所得税负债分别加以处理。

在2003年年末，该公司有关所得税会计处理：

1. 会计年折旧额＝90/5＝18(万元)

2. 税法年折旧额＝90/6＝15(万元)

3. 固定资产账面价值与计税基础之差产生的递延所得税资产

＝(75－72)×33％

＝0.99(万元)

4. 所得税费用＝100×33％＝33(万元)

5. 应交所得税＝(100＋3)×33％＝33.99(万元)

借：所得税　　330 000

　递延所得税资产　　9 900

　贷：应交税费——应交所得税　　339 900

2004～2007年，会计处理同上。

2008年年末，所得税税率改为25％时的会计处理：

1. 固定资产账面价值与计税基础之差产生的递延所得税资产

＝[(90－15×4)－(90－18×4)]×25％－0.99×4

＝－0.96(万元)

2. 所得税费用＝25.75＋0.96＝26.71(万元)

3. 应缴所得税＝(100＋3)×25％＝25.75(万元)

借：所得税　　267 100

　贷：递延所得税资产　　9 600

　　应交税费——应交所得税　　257 500

2008年，税法规定不再计提折旧，递延所得税资产转回。所得税会计处理：

借：所得税　　250 000

　贷：递延所得税资产　　37 500(＝15万×25％)

　　应交税费——应交所得税　　212 500[＝(100万－15万)×25％]

（撰稿：张其秀、程婧）

案例 14.2　递延所得税资产的减值与转回

【背景资料】

在上述远东公司案例中，如果假设在 2008 年 12 月 31 日，远东公司的递延所得税资产的账面价值为 30 万元。经复核，企业在未来可能获得的用以抵扣递延所得税资产的利益只有 18 万元。根据新会计准则的有关规定，远东公司应该确认相应的递延所得税资产减值。

若在 2009 年 12 月 31 日，经过再次复核，远东公司在未来可能获得的用以抵扣递延所得税资产的利益上升至 40 万元，远东公司应在原减值的范围内转回其减值。

【问题思考】

1. 远东公司在 2008 年、2009 年对其确认的递延所得税资产分别应如何处理？
2. 你认为递延所得税资产减值转回是否合理？

【准则依据】

《企业会计准则第 18 号——所得税》：企业在资产负债表日，应当对递延所得税资产的账面价值进行复核。如果未来期间很可能无法获得足够的应纳税所得额用以抵扣递延所得税资产的利益，应当减记递延所得税资产的账面价值。在很可能获得足够的应纳税所得额时，减记的金额应当转回。

【参考提示】

相应的账务处理如下：

2008 年的会计处理为：

借：营业外支出——递延所得税资产减值	120 000	
贷：递延所得税资产		120 000

2009 年的会计处理为：

借：递延所得税资产	120 000	
贷：营业外支出——递延所得税资产减值		120 000

（撰稿：张其秀、程婧）

案例 14.3　非货币性交易中的应纳税额的调整

【背景资料】

红光公司和蓝天公司为了使各自的资源做到最优化配置，以最大限度地发挥资产的使用效率，管理层决定对资产进行重新整合。经过协商，红光公司以其拥有的专利权与蓝天公司生产用车床交换。红光公司专利权的账面价值为 400 万元（未计提减值准备），公允价值和计税价格均为 450 万元，营业税税率 5%；蓝天公司生产用车床的账面原价为

500 万元,已提折旧为 50 万元(与税法规定的折旧方法一致),公允价值为 420 万元,在资产交换过程中发生车床搬运费 1.2 万元。蓝天公司另支付 30 万元给红光公司作为补价(假如不考虑城建税及教育费附加)。

【问题思考】

1. 假如上述两家公司之间的交易属于非货币性资产交换,那么从税法角度看,两家公司分别应如何确认交换损益?

2. 两家公司分别应调增或调减多少应税所得额?

3. 现行会计准则对于非货币性交易的处理与税法规定有何差异?

【准则依据】

1.《企业会计准则第 7 号——非货币性资产交换》。

2.《企业会计准则第 18 号——所得税》。

3.《企业所得税法》。

【参考提示】

由于红光公司在该项交易中收到的补价/换出资产公允价值=30/450=6.67%<25%,根据准则规定,两家公司之间的资产交易应属于非货币性资产交易。

因此,两家公司应分别按税法规定进行税务处理:

1. 红光公司

交易时:确认收益 80 万元,视同销售,确认资产转让所得 27.5 万元(450-400-22.5),应调减应税所得额 52.5 万元。

交易后:换入车床按 472.5 万元入账,在以后期间按 420 万元提取折旧,小于会计成本 52.5 万元,应在折旧期间调增应税所得额。

2. 蓝天公司

交易时:确认损失 60 万元,视同销售,确认资产转让损失 31.2 万元(420-450-1.2),应调增应税所得额 28.8 万元(60-31.2)。

交易后:换入无形资产按 421.2 万元入账,在以后期间摊销,换入无形资产按 450 万元进行摊销,高于会计成本 28.8 万元,应在摊销期间调减应税所得额。

【分析点评】

现行的《企业会计准则》和税法对非货币性交易的处理存在某些差异,主要表现在:

其一,会计上不确认交易损益,而纳税调整时应当视同销售,确认资产转让所得或损失,计入应纳税所得额;或者会计上确认的损益与应当计入应纳税所得额的数额不同。

其二,会计上换入资产入账价值的计量有时与税法确认的计税成本不同,因而必须对资产进行折旧、摊销或转让换入资产时进行纳税调整。

请注意，将本案例的税务处理与第七章特殊业务会计“非货币性交易”中同案例的财务会计处理进行比较分析。

（撰稿：张其秀）

第十五章　税务筹划

第一节　流转税筹划

案例 15.1　减少流转环节的避税

【背景资料】

鸿兴房地产开发公司是一家中型的房地产企业。200×年10月，鸿兴公司通过拍卖的方式获得了地处市区的高档地段的一块土地的开发经营权，准备建造一幢写字楼。经过10多个月的施工建设，整幢大楼已结构封顶。鸿兴公司开始考虑销售大楼。本市的华联商业大厦有意向购买其底层用房作为商用。鸿兴公司为了合理避税，需要在售楼之前做好税务筹划。

鸿兴公司对这项售楼项目有两个方案可供选择：

方案一：鸿兴公司的售楼部与华联商业大厦签订了一份购房合同，合同规定，鸿兴公司将写字楼的第一至第二层共4 000平方米的经营用房，按照华联商业大厦的要求进行装修后再销售给华联商业大厦，每平方米售价为10 000元，合计4 000万元。鸿兴公司再将装修工程出包给美家装潢公司，总出包工程总额为2 000万元。

方案二：由美家装潢公司与华联商业大厦直接签订装修合同，美家装潢公司按2 000万元的价格将建筑安装发票直接开给华联商业大厦，鸿兴公司再按售价2 000万元给华联商业大厦开具房屋销售发票。

通过咨询有关税务专家，鸿兴公司对该项售楼方案做出了选择。

【问题思考】

1. 在两种不同的售楼方案中，鸿兴公司分别应缴纳多少税费？
2. 基于避税目的，你认为鸿兴公司会做出何种选择？

【准则依据】

《中华人民共和国营业税暂行条例》：从事建筑、修缮、装饰工程作业，无论怎样结算，营业额均包括工程所用原材料及其他物资和动力的价款。

【参考提示】

营业税的特点是在流转环节就营业额的全额征税，企业经营对象的流转环节越多，营业税的征收次数也就越多，纳税人的税收负担就越重。因此，企业可通过分解营业额，缩小计税依据，减少应纳税款。

从企业税务筹划的角度考虑，应根据营业税的特点，尽可能地减少经营对象的流转次数。如需要转让不动产和无形资产等，可在办理所有权变更手续之前出手，可节省一道流转税。对于出售需要装修或装饰的不动产，如果装修后该不动产的价值有较大增值，在施工前办理变更手续也可减少税负。

【分析点评】

在上述两种不同的售楼方案中，鸿兴公司与美家装潢公司分别应缴纳的税费为：

方案一，鸿兴公司：

应交营业税＝4 000×5％＝200(万元)

应交城市建设税及教育费附加＝200×(7％＋3％)＝20(万元)

应纳税额合计＝200＋20＝220(万元)

美家装潢公司：

应交营业税＝2 000×3％＝60(万元)

应交城市建设税及教育费附加＝60×(7％＋3％)＝6(万元)

应纳税额合计＝60＋6＝66(万元)

方案二，美家装潢公司的税收负担及收益情况不变，但鸿兴公司的应纳税额却发生变化。

鸿兴公司：

应交营业税＝2 000×5％＝100(万元)

应交城市建设税及教育费附加＝100×(7％＋3％)＝10(万元)

应纳税额合计＝100＋10＝110(万元)

由此可见，鸿兴公司一定会选择第二种方案，因为此方案鸿兴公司可节约税费 110 万元(220－110)，而华联商业大厦购买此大楼的价格依然是4 000万元。

（撰稿：张其秀）

案例 15.2 规范运输发票以降低增值税

【背景资料】

A 企业是从事环保产品甲产品的生产企业，年销售额 400 多万元。由于市场竞争相当激烈，企业处于微利状态。该企业的负责人王经理在与其他企业对有关情况交流后发现自己的增值税比别人缴得多，总觉得不正常，但又不知道问题出在哪里。年底，王经理请一家税务事务所的注册税务师到企业进行纳税情况诊断。

注册税务师小方对该企业全年纳税情况进行了全面调查，发现该企业当年销售甲产品 438 万元，而缴纳的增值税却有 37.23 万元，增值税的税收负担率高达 8.5%。比同行业都高。小方对企业的进项税额流程以及有关费用情况进行了进一步调查，发现该企业收受发票不规范。其中比较突出问题就在接受的运费发票不规范，该企业全年发生运费 40 万元，但支付运费时企业索取的都是普通收据

经询问王经理了解到，该企业销售甲产品需要专用设备——槽车进行运输，该企业没有这种专用槽车。而甲产品的购买者 B 公司自备这种车。A 企业与 B 公司签订供货合同时以 B 公司的入库价格结算，B 公司提供槽车所发生的费用则在甲产品销售价格中扣减，同时提供结算收据。

【问题思考】

1. 你认为 A 企业增值税比其他公司普遍都高的主要原因是什么？
2. 如果你是税务注册师，你会提出什么样的建议来降低 A 企业的增值税负担？

【准则依据】

1.《税法》。

2.《中华人民共和国税收征收管理法》。

【参考提示】

该企业增值税负担比其他公司普遍高的主要原因在于全年发生的运费收取的都是普通收据，不是运输部门的运输发票，另外，合同价格以 B 公司的入库价格核算增加了税收负担。

针对这个问题，税务注册师可以提出两个方案供企业选择。

方案一：改用专业运输公司运输槽车，这样 A 企业可以取得能够抵扣增值税的运输发票，发生的 40 万元运输费可以按 7%的抵扣率抵扣增值税进项税额 2.8 万元(40×7%)。这样企业的税收负担率就变为 7.86%[(37.23－2.8)/438]，可使企业的税收负担下降 0.64 个百分点。

方案二：在与 B 公司签订供货合同时，以 A 企业的出厂价格结算，我们假设两种价格的差额正好是运费数额，在其他因素不变的情况下，A 企业的应纳增值税额减少额为 6.8 万元(40×17%)。筹划后的企业增值税税收负担率下降了 1.56 个百分点。

(撰稿：王银凤)

第二节 所得税筹划

案例 15.3 存货计价方法选择的所得税筹划

【背景资料】

济世公司属于医药行业，主营业务为化学药物、生物制品、抗生素等。D-核糖是一种医药原料、保健品、中间体，是济世公司较为重要的原材料。2013 年 D-核糖价格波动较大，因此确定原材料的发出成本即确定存货的计价方式对于确定企业的成本利润至关重要。2013 年以前济世公司采用先进先出法计价，2013 年初，基于 D-核糖价格波动大的考虑，财务部门正考虑是否应该更换存货计价方式，以下是财务部的商讨内容：

财务人员甲认为：仍然应该采用先进先出法，该法假定先购进的材料先发出，使存货接近于购货成本，期末资产总价值较真实。

财务人员乙认为：应该采用加权平均法，以期初存货数量和本月购进存货数量作为权数去除本月全部收货成本加上月初存货成本，计算出存货的加权平均单位成本，来确定本期存货发出成本和期末存货成本。这种方法只需在月末计算一次，比较方便。在价格波动的情况下比较适用。

财务人员丙认为：应该采用移动加权平均法，其计算方法是以各次收入数量和金额与各次收入前的数量和金额为基础，计算出移动加权平均单价，计算出来的成本比较均衡和准确。

济世公司 2013 年初 D-核糖的期初余额为 50 千克，单价为 1 000 元/千克。2013 年 1 月的销售收入为 2 500 000 元，其他成本费用为 1 000 000 元，该企业适用的所得税税率为 25%。1 月份 D-核糖价格一直飙升，实际发生的购货和领用记录如表 1 所示。

表 1　　**2013 年 1 月 D-核糖流转情况表**

日　期	期初/期末余额		购　入		领　用	
	数量(千克)	单价(元)	数量(千克)	单价(元)	数量(千克)	单价(元)
1 月 1 日	50	1 000				
1 月 5 日			200	1 000		
1 月 6 日					150	
1 月 10 日			350	1 200		
1 月 15 日					400	
1 月 20 日			400	1 300		
1 月 25 日					300	
1 月 31 日	150					

【问题思考】

1.请根据先进先出法、加权平均法、移动加权平均法这三种不同的计价方法计算存货的发出成本与期末余额。

2.计算并比较在不同计价方法下企业的所得税负，从所得税筹划角度思考企业应采取的存货计价方式。

【准则依据】

1.《企业会计准则第 18 号——所得税》。

2.《企业所得税法》。

【参考提示】

存货的计价方式是税务筹划的一种重要方法。不同的计价方式对于所得税产生的影响是不同的。企业在选择计价方式时要区分不同的情况，当物价上涨时，三种计价方法比较如下：

采用先进先出法，可以使当期发出的材料成本偏低，增加当期利润，可以使税后利润最大化，但是增加了企业应缴纳的所得税，扩大了资金占用的风险，增加了通货膨胀对企业带来的不利影响；

采用加权平均法会导致较低的期末存货、销售毛利、所得税和净收益额，有利于节税，争取了更多的现金流，减少资金占用的风险；

移动加权平均法则居于先进先出法和加权平均法之间。

如果市场不景气，物价下跌时，所得的结论刚好相反。

【分析点评】

1. 三种方式下存货的成本与期末余额分别为：

(1)先进先出法

存货发出成本＝50×1 000＋200×1 000＋350×1 200＋250×1 300＝995 000(元)

期末存货余额＝150×1 300＝195 000(元)

(2)加权平均法

存货加权平均单价＝(50×1 000＋200×1 000＋350×1 200＋400×1 300)÷(50＋20＋350＋400)＝1 190(元/千克)

存货发出成本＝(150＋400＋300)×1 190＝1 011 500(元)

期末存货余额＝150×1 190＝178 500(元)

(3)移动加权平均法

第一次领用单价＝1 000(元/千克)

第二次领用单价＝(100×1 000＋350×1 200)÷(100＋350)＝1 155.56(元/千克)

第三次领用单价＝(50×1 155.56＋400×1 300)÷(50＋400)＝1 283.95(元/千克)

存货发出成本＝150×1 000＋400×1 155.56＋300×1 283.95＝997 409(元)

期末存货余额＝150×1 283.95＝192 592.5(元)

2. 三种计价方式下应纳所得税额的比较如表2所示。

表2　三种存货计价方式下应纳所得税比较　单位:元

项　目	先进先出法	加权平均法	移动加权平均法
销售收入	2 500 000	2 500 000	2 500 000
原材料成本	995 000	1 011 500	997 409
其他成本费用	1 000 000	1 000 000	1 000 000
税前利润	505 000	488 500	502 591
适用税率	25%	25%	25%
所得税	126 250	122 125	125 647.75
净利润	378 750	366 375	376 943.25

单纯从节税的角度考虑,采用方案二加权平均法是最优的,其次是方案三移动加权平均法,最后是方案一先进先出法。因此,从税务筹划角度考虑,应采用加权平均法。

(撰稿:韩丽丽)

案例15.4　固定资产租赁的避税

【背景资料】

中华机器制造公司是一家有30年历史的老国有企业,在激烈的市场竞争中以自己独特的品牌质量生存发展着。200×年年底,中华公司接到一笔订制一套新型生产流水线的大额订单,制造期限为3年,中华公司如果生产该机器,除了要使用本企业原有的设备外,还需要使用全自动高精确度的数控机床一台,该设备价值200万元。经过反复测算,设备投入生产后,每年能给企业带来利润100万元,然而,公司生产资金周转一向紧缺,购置设备的资金一下子难以筹措,如果借款购设备,其利息支出会影响公司的当期效益;但没有该设备,生产任务难以完成。是否能有两全其美的方法,既能获得该项设备以保证生产的进行,又不影响公司的经营收益。这件事成为中华公司的管理层近期需要讨论的问题。

在公司召开的董事会上,对该生产设备添置与否,管理层有两种不同意见:

一种意见认为:由于生产订单是临时的项目,专门为此购置一台新设备不合算,何况需要贷款购置,会增加公司利息支出,应该采用租赁方式获得该生产设备以临时使用。

另一种意见认为:应该贷款购置一台新设备,因为在这次生产过程中可以将该设备的成本全部摊销，对公司来说，拥有技术含量高的新型生产设备，对将来的生产经营更有利，并且，贷款利息可在税前扣除，有抵税的作用。

为了下次董事会进一步讨论以便对此做出正确决策，公司董事长要求财务部对上述两种不同意见做出量化分析，尤其是其中涉及的税费及对公司利润的影响提供具体数据说明。

根据公司董事长的要求，财务经理对该项设备从贷款购置与租赁两方面涉及税费问题进行了分析、计算与筹划，最后，确定了最优方案提交给董事会。

【问题思考】

1. 你认为中华公司的财务经理通过分析会提供怎样的方案给董事会？

2. 如果中华公司最后选择租赁方式获得该设备，采用何种租金支付方式更能节税(假定所得税税率为25%)？

【准则依据】

1.《企业会计准则第18号——所得税》。

2.《企业所得税法》。

【参考提示】

租赁是企业税务筹划的一种重要方法，尤其是经营性租赁。对承租方而言，这种租赁可使其获得双重好处：一则可以避免因长期拥有价值昂贵的固定资产而承担的负担与风险；二则可在经营活动中以支付租金的方式冲减企业当期利润，从而减少计税依据，降低税负。

【分析点评】

在本案例中，中华公司的财务经理可以从购置和租赁所发生的收支而给公司带来的不同净现金流两方面来进行分析比较。然后从中选择最优方案。

由于中华公司使用该设备时间并不太长，仅3年期，公司大额贷款购置设备仍有一定风险，因为即使增加的利息支出可抵税，但前提必须是公司的经营利润率要高过贷款利息率，在当时利息率不断上升而企业的经营收益率难有大的突破的情况下，贷款购置设备的方案显然不是最佳方案，因此，采用短期性的经营租赁方式才是现实的可行方案。

在通过经营租赁方式获得设备使用权后，公司还可在租金的支付方式上进行筹划，因不同的租金会给企业带来不同的现金流。一般而言，在同样的租金规模下，租金支付时间越晚，公司可占用资金的时间越长，从而可取得较大的货币时间价值，即税后净收益更多。

(撰稿：张其秀)

案例 15.5　税率选择中的税务筹划

【背景资料】

开元公司是一家小型的电子产品加工企业，在 2014 年 12 月份预计本年度实现应纳税所得额300 005元，适用税率为 25%，根据现行税法规定和该企业在人数、资产、行业方面的条件，如果该企业的应纳税所得额不超过 30 万元，可适用小微企业的优惠税率，即20%的税率，但该企业应纳税所得额比 30 万元多 5 元钱，因此就多纳税15 001.25元。为此，公司财务会计人员共同商讨如何能解决这多出的 5 元的所得额以节约15 001.25元的税款。结果，大家讨论出四种方案可供选择：

(1)多结转 5 元的产品销售成本；

(2)多计提 5 元的预提费用；

(3)多购买 5 元的办公用品；

(4)向公益事业捐赠一定数额的款项。

【问题思考】

1. 你认为该公司税务筹划中四种方案哪些符合税法？哪些违背税法？

2. 在企业的有关所得税率的筹划选择中应注意掌握什么原则？

【准则依据】

1.《企业会计准则第 18 号——所得税》。

2.《财政部、国家税务总局关于小型微利企业所得税优惠政策有关问题的通知》(财税〔2014〕34 号)。

【参考提示】

企业所得税税率大小直接影响纳税额，尤其是降低应纳税额对超额累进所得税税率的影响及税务筹划技巧，实务中应同时考虑预测的准确性因素。

【分析点评】

在上述案例中所列的 4 种方案，其中(1)和(2)不符合税法规定，(3)和(4)符合税法规定。

在税率选择的税务筹划中，应注意符合经济合理原则，企业应从正常的生产经营需要来决策，而不能把税收因素影响置于企业整体利益之上。如本地产销企业不必为享受优惠税率到西部设厂，企业也不必为小微企业优惠税率而特意分立。

(撰稿：张其秀)

第二部分

综合案例分析

第十六章　资产质量综合分析

案例 16.1　“武钢股份”资产质量评价

【背景资料】

武汉钢铁股份有限公司系经国家经济体制改革委员会批准，由武汉钢铁(集团)公司(以下简称武钢股份)作为独家发起人，采取发起设立方式于 1997 年 11 月 7 日注册成立的股份有限公司。经中国证券监督管理委员会批准，武钢股份所发行人民币普通股 A 股已在上海证券交易所上市。原注册资本为 2 090 480 000 元，股本总数 209 048 万股。公司的经营范围主要有冶金产品及副产品，钢铁延伸产品制造，冶金产品和技术开发，咨询和服务。

表 1、表 2 和表 3 分别是武钢股份 2010 年和 2011 年的比较资产负债表(局部)、比较利润表和比较现金流量表(局部)。

表 1　　武钢股份比较资产负债表(局部)　　单位：万元

报告日期	2011 年 12 月 31 日	2010 年 12 月 31 日
报告类型	合并报表	合并报表
资产		
流动资产合计	2 455 126	1 697 085
长期股权投资	373 850	363 178
固定资产原值	10 975 674	9 012 008
累计折旧	4 902 017	3 936 066
固定资产净值	6 073 657	5 075 942
固定资产减值准备	2 545	2 545
固定资产净值	6 071 112	5 073 397
在建工程	637 114	470 823
工程物资	10 367	0

续表

报告日期	2011 年 12 月 31 日	2010 年 12 月 31 日
固定资产合计	6 718 593	5 544 220
非流动资产合计	7 154 941	5 933 406
资产总计	9 610 067	7 630 491
负债和所有者权益		
流动负债合计	5 682 462	3 926 722
非流动负债合计	208 584	875 734
负债合计	5 891 046	4 802 456
所有者权益(或股东权益)合计	3 719 021	2 828 035
负债和所有者权益(或股东权益)总计	9 610 067	7 630 491

表 2　　武钢股份比较利润表　　单位:万元

报告日期	2011 年 12 月 31 日	2010 年 12 月 31 日
报表类型	合并报表	合并报表
一、营业收入	10 105 831	7 559 660
减:营业成本	9 977 449	7 357 926
营业税金及附加	23 433	18 795
销售费用	86 051	73 908
管理费用	263 016	193 415
财务费用	105 561	85 061
资产减值损失	16 755	42 773
加:公允价值变动收益	—	—
投资收益	8 157	16 919
其中:对联营企业和合营企业的投资收益	7 670	16 252
二、营业利润	136 539	218 653
加:营业外收入	7 176	3 063
减:营业外支出	1 421	1 033
其中:非流动资产处置损失	1 377	1 010

续表

报告日期	2011 年 12 月 31 日	2010 年 12 月 31 日
三、利润总额	142 294	220 682
减：所得税费用	47 403	49 948
四、净利润	94 891	170 734
五、每股收益		
(一)基本每股收益(元)	0.11	0.22
(二)稀释每股收益(元)	0.11	0.22

表 3　　武钢股份比较现金流量表(局部)　　单位：万元

报告日期	2011 年 12 月 31 日	2010 年 12 月 31 日
报表类型	合并报表	合并报表
一、经营活动产生的现金流量		
经营活动产生的现金流量净额	75 530	572 914
二、投资活动产生的现金流量		
收回投资所收到的现金	0	5 000
取得投资收益所收到的现金	10 969	5 684
投资活动现金流入小计	10 983	10 685
购建固定资产、无形资产和其他长期资产所支付的现金	675 759	374 672
投资所支付的现金	445 410	1 500
投资活动现金流出小计	1 121 168	376 172
投资活动产生的现金流量净额	—1 110 185	—365 488
三、筹资活动产生的现金流量		
吸收投资收到的现金	833 819	0
其中：子公司吸收少数股东投资收到的现金	4 995	0
取得借款收到的现金	2 464 597	1 990 600
筹资活动现金流入小计	3 298 416	1 990 600
偿还债务支付的现金	2 200 935	2 116 240
分配股利、利润或偿付利息所支付的现金	229 847	165 020

续表

报告日期	2011 年 12 月 31 日	2010 年 12 月 31 日
其中:子公司支付给少数股东的股利、利润	210	46
支付其他与筹资活动有关的现金	2 435	0
筹资活动现金流出小计	2 433 217	2 281 260
筹资活动产生的现金流量净额	865 199	−290 660
四、汇率变动对现金及现金等价物的影响		
汇率变动对现金及现金等价物的影响	−318	−5
五、现金及现金等价物净增加额		
现金及现金等价物净增加额	−169 775	−83 239
加:期初现金及现金等价物余额	347 903	308 417
期末现金及现金等价物余额	178 129	225 178
附注		
1. 将净利润调节为经营活动的现金流量		
净利润	94 891	170 734
少数股东损益	0	0
未确认的投资损失	0	0
资产减值准备	16 755	42 773
固定资产折旧、油气资产折耗、生产性物资折旧	596 329	515 558
无形资产摊销	896	97
长期待摊费用摊销	0	0
待摊费用的减少	0	0
预提费用的增加	0	0
处置固定资产、无形资产和其他长期资产的损失	504	982
固定资产报废损失	0	0
公允价值变动损失	0	0
递延收益增加(减:减少)	0	0
预计负债	0	0
财务费用	129 912	86 787

续表

报告日期	2011年12月31日	2010年12月31日
投资损失	−8 157	−16 919
递延所得税资产减少	4 034	−3 238
递延所得税负债增加	0	0
存货的减少	−260 718	−485 313
经营性应收项目的减少	−152 081	−156 505
经营性应付项目的增加	−346 835	417 957
已完工尚未结算款的减少(减:增加)	0	0
已结算尚未完工款的增加(减:减少)	0	0
其他	0	0
经营活动产生现金流量净额	75 530	572 914
2. 不涉及现金收支的重大投资和筹资活动		
债务转为资本	0	0
一年内到期的可转换公司债券	0	0
融资租入固定资产	0	0
3. 现金及现金等价物净变动		
现金的期末余额	178 129	225 178
现金的期初余额	347 903	308 417
现金等价物的期末余额	0	0
现金等价物的期初余额	0	0
现金及现金等价物的净增加额	−169 775	−83 239

武钢股份是国内第三大钢铁企业，主要产品有硅钢、热轧、冷轧等，由于钢铁行业普遍产能过剩，整个行业景气度下降，武钢股份发展遭遇到很大的困境。虽然作为国内唯一生产硅钢的企业，公司掌握硅钢生产的核心技术和经验，但是仍然面临着销售的巨大问题。

而最近其股价跌破净资产价值则为企业长期发展埋下了隐患，武钢股份预期将集团的铁矿石资产注入上市公司，武钢旗下拥有利比里亚100%权益铁矿石的铁矿山的中利联(香港)矿业公司，通过注入海外矿业优质资产扭转公司股价低迷表现。

【问题思考】

1.武钢股份作为我国大型钢铁企业，其固定资产的规模和质量直接影响了企业的发展，根据该公司 2010 年与 2011 年财务报表资料，评价固定资产的质量。

2.企业计提固定资产减值准备对其经营业绩有何影响？分析武钢股份近年的固定资产减值准备状况。

【准则依据】

1.《企业会计准则——基本准则》。

2.《企业会计准则第 30 号——财务报告列报》。

【参考提示】

1.固定资产的质量分析就是对固定资产在企业的利用状况进行分析评价，主要包括资产的增值能力、资产成新率、固定资产的生产能力等。武钢股份属于冶金行业，由于冶金行业对技术装备水平要求高，生产工艺过程较为复杂，固定资产在企业总资产中占的比例较大。一般来说，在行业中的固定资产比例越大，表明企业生产能力越强，但是如果是在行业处于饱和阶段，生产力越强就越可能出现产能过剩的危险。

2. 固定资产减值是由于环境的变化或意外事项的发生造成的固定资产净值的减损，固定资产减值准备与固定资产折旧相互关联，是累计折旧的补充，它对固定资产累计折旧中估值偏差进行矫正，固定资产的折旧要以减值后的固定资产净值为基础进行调整。

固定资产减值是一项非经营性支出，固定资产减值产生的原因并不是经常发生。计提固定资产减值准备时作为企业经营性费用列支，即增加企业的“资产减值损失”，因此会影响公司的当期经营利润。

【分析点评】

1. 从武钢股份 2010 年和 2011 年的资产负债表来看，固定资产占资产的比例为 69.91%和 72.66%，基本保持不变，单从比例上看，说明企业的生产能力较强。但是我们再进一步看下去，固定资产总价值却出现将近 20%的大幅下滑，这让我们对于武钢钢铁的固定资产总体质量不禁产生了疑问。究竟是企业对自身资产进行优化，还是受产能过剩而被迫的减产？需要进一步了解资产质量。

固定资产成新率是我们为了更为细致地了解固定资产质量而参考的指标，固定资产成新率是固定资产净值同固定资产原价的比率。武钢股份 2010 年和 2011 年资产成新率的比率分别为 55.31%和 56.32%，处于行业的平均水平，但是 2011 年比 2010 上升的更多，表明企业已经能够关注到固定资产的更新换代问题。

武钢旗下拥有利比里亚 100%权益铁矿石的铁矿山的中利联(香港)矿业公司，武钢股份预期将集团的铁矿石资产注入上市公司，通过注入海外矿业优质资产扭转公司股价低迷表现。

因此，从对诸多指标分析来看，武钢股份的资产质量还是相对较好的。

在资产质量如此的情况下，可为何最近的其股价跌破净资产价值，通过对钢铁市场的了解可以知道，现在面临产能过剩问题，武钢股份出现现在情况不是由于自身资产质量不过关，而是问题更多出现在销售毛利率问题上，这是本书其他章节将要分析的。

2.武钢股份在2010年和2011年分别计提了2 545万元的固定资产减值准备，占其净值的比例不到0.1%，对于资产质量高低的影响程度相对较小。

（撰稿：戴斌）

案例16.2　“宝钢股份”的优质与信用评价

【背景资料】

宝山钢铁股份有限公司（以下简称宝钢股份），是经中国国家经济贸易委员会以国经贸企改[1999]1266号文批准，由宝钢集团有限公司独家发起设立，2000年2月3日于上海市正式注册成立。经中国证监会核准，该公司于2000年11月6～24日采用网下配售和上网定价发行相结合的发行方式向社会公开发行人民币普通股（A股）18.77亿股，每股面值人民币1元，每股发行价人民币4.18元。后又经中国证监会于2005年4月13日签发的证监发行字[2005]15号文核准，该公司于2005年4月21日～26日增发50亿股每股面值人民币1元的普通股（A股），其中包括向宝钢集团定向增发30亿股国家股及通过优先配售、比例配售及网上网下累计投标询价相结合的发行方式向社会公众公开发行20亿股社会公众股，发行价格均为每股人民币5.12元。

宝钢股份是中国最大、最现代化的钢铁联合企业，公司以其诚信、人才、创新、管理、技术诸方面综合优势奠定了在国际钢铁市场上世界级钢铁联合企业的地位。《世界钢铁业指南》评定宝钢股份在世界钢铁行业的综合竞争力为前三名，认为其也是未来最具发展潜力的钢铁企业。

近年来，受国家振兴宏观经济和推进产业重组政策的促进，钢铁行业整合不断，宝钢股份更是抓住机遇，发挥其行业优势，通过并购重组的方式，不断扩大规模。

在宝钢股份的年度财务报表附注所披露的重要事项可知一些重大收购项目。

2007年宝钢股份年报附注中披露了以下的重要事项：

“本公司拟向宝钢集团上海浦东钢铁有限公司收购其罗泾项目相关资产，包括固定资产和在建工程，不包括相关负债。本次收购对价为资产评估价值约人民币130.3亿元（最终以经备案的资产评估价值为准，下同）。罗泾项目相关资产的收购价格将根据评估基准日至交割日账面净值变化进行调整。”

由此可知，宝钢股份公司的固定资产将因此增加，同时4年内的固定资产投资会每年增加35亿元左右。

随着十大产业振兴计划陆续出台并进入实施，钢铁业下游需求日趋扩大，行业整合加快。2008年，宝钢股份已成功并购重组了韶钢和广钢。

2009 年，随着国家《钢铁产业振兴规划》细则即将出台，宝钢股份收购包钢、鞍钢整合攀钢又将取得重大突破。

2009 年 3 月，宝钢跨区域重组宁波钢铁，交通银行向宝钢提供 7.5 亿元并购贷款，用于收购宁波钢铁有限公司 56.15%的股权，此次并购贷款发放是我国银行业向钢铁企业发放的首例并购贷款。之后，作为建设银行总行级重点及战略客户，宝钢又获得其 8 亿元贷款用于并购宁钢。

宝钢股份之所以能获得银行巨额贷款的支持，完全是取决于其优质的资产与良好的信用，而这些都可通过对该公司的财务状况及盈利能力分析得到证明。

宝钢股份 2007 年财务报表的有关资料如下(见表 1、表 2、表 3)。

表 1　　**2007 年比较资产负债表**　　单位：万元

变动时间	2007 年 12 月 31 日	2006 年 12 月 31 日	增长比率	变动时间	2007 年 12 月 31 日	2006 年 12 月 31 日	增长比率
变动原因	年报	年报		变动原因	年报	年报	
流动资产：				流动负债：			
货币资金	1 124 004.11	1 817 360.11	−38.15%	短期借款	2 048 112.85	1 894 513.95	8.11%
交易性金融资产	163 780.60	197 701.32	−17.16%	交易性金融负债	17 495.19	917.10	1 807.66%
应收票据	565 698.52	519 525.72	8.89%	应付账款	1 717 549.81	1 193 217.46	43.94%
应收股利	2 204.59			应付票据	334 105.82	184 699.27	80.89%
应收利息	1 823.66			应付职工薪酬	169 175.85	179 575.02	−5.79%
应收账款净额	631 164.21	554 925.50	13.74%	预收账款	933 792.42	720 705.86	29.57%
预付账款	600 375.85	432 892.51	38.69%	其他应付款	105 189.88	90 084.02	16.77%
其他应收款	86 634.02	78 573.00	10.26%	一年内到期的非流动负债	220 904.56	31 606.53	598.92%
存货净额	3 906 872.81	3 123 642.47	25.07%	应交税费	106 463.89	119 340.25	−10.79%
流动资产合计	7 662 385.03	6 724 620.62	13.95%	未付股利	455.34	51 876.50	−99.12%
长期投资：				流动负债合计	7 588 516.82	6 683 211.03	13.55%
可供出售金融资产	159 806.19	47 031.19	239.79%	非流动负债：			
持有至到期投资		100.00	−100.00%	其他非流动负债	9 690.71	1 687.82	474.16%
长期应收款	0.00	0.00		非流动负债合计	1 784 963.20	1 148 064.65	55.48%
长期股权投资	375 434.89	310 436.55	20.94%	长期负债：			
投资性房地产	13 568.87	18 052.65	−24.84%	长期负债	1 643 194.69	959 012.27	71.34%
固定资产：				长期应付款		117.28	−100.00%
固定资产净值	8 155 175.43	7 654 089.94	6.55%	负债合计	9 373 480.02	7 831 275.67	19.69%
工程物资	75 462.95	56 880.08	32.67%	所有者权益(或股东权益)：			
在建工程	1 637 336.09	1 119 635.10	46.24%	少数股东权益	609 698.46	524 770.70	16.18%
无形资产及其他资产：				实收资本(或股本)	1 751 200.00	1 751 200.00	0.00%

续表

变动时间	2007年12月31日	2006年12月31日	增长比率	变动时间	2007年12月31日	2006年12月31日	增长比率
无形资产	562 675.18	396 008.89	42.09%	资本公积	3 364 580.56	3 298 919.16	1.99%
长期待摊费用	9 535.33	4 099.73	132.58%	盈余公积	1 579 690.02	1 380 736.45	14.41%
递延所得税资产	87 812.66	73 566.74	19.36%	未分配利润	2 162 079.03	1 702 119.15	27.02%
其他非流动资产	12 731.63	12 852.20	−0.94%	外币报表折算差额	−7 148.57	−4 355.39	64.13%
非流动资产合计	11 171 194.49	9 760 045.12	14.46%	股东权益合计	9 460 099.51	8 653 390.07	9.32%
资产总计	18 833 579.53	16 484 665.74	14.25%	负债与股东权益合计	18 833 579.53	16 484 665.74	14.25%

表2　　2007年比较利润表(局部)　　单位：万元

变动时间	2007年12月31日	2006年12月31日	增长率
变动原因	年报	年报	
一、营业收入	19 127 349.35	16 214 216.88	0.18
减：折扣与折让			
主营业务收入净额	19 127 349.35	16 214 216.88	0.18
减：营业成本	16 292 558.80	13 459 815.28	0.21
营业税金及附加	125 236.06	69 571.99	0.80
销售费用	201 837.00	221 789.47	−0.09
营业费用			
管理费用	521 955.67	537 842.25	−0.03
财务费用	95 505.16	101 781.87	−0.06
勘探费用			
资产减值损失	81 045.17	−54 467.39	−2.49
加：公允价值变动收益(损失以"—"号填列)	2 780.64	8 357.95	−0.67
投资收益(损失以"—"号填列)	149 862.29	78 394.02	0.91
其中：对联营企业和合营企业的投资收益	72 275.94	57 287.38	0.26
加：其他业务利润			
二、营业利润	1 947 772.90	1 953 570.58	0.00
补贴收入			

续表

变动时间	2007 年 12 月 31 日	2006 年 12 月 31 日	增长率
营业外收入	25 657.68	9 347.86	1.74
减:营业外支出	42 661.84	42 489.60	0.00
其中:非流动资产处置损失	27 577.16	7 310.07	2.77
影响营业利润的其他科目			
三、利润总额	1 930 768.74	1 920 428.85	0.01
减:所得税	588 505.77	560 363.12	0.05
减:少数股东损益	70 429.52	52 351.57	0.35
四、净利润	1 271 833.45	1 307 714.16	—0.03
净利率	0.07	0.08	—0.18
净资产报酬率	0.13	0.15	
(一)归属于母公司所有者的净利润	1 271 833.45	1 307 714.16	—0.03
(二)少数股东损益	70 429.52	52 351.57	0.35
五、每股收益			
(一)基本每股收益(单位:元)	0.73	0.75	—0.03
(二)稀释每股收益(单位:元)	0.73	0.75	—0.03

表 3　　2007 年现金流量表(摘要)　　单位:万元

项　目	2007 年 12 月 31 日	2006 年 12 月 31 日
	年报	年报
一、经营活动产生的现金流量		
销售商品、提供劳务收到的现金	22 113 260.57	18 850 546.22
收到的其他与经营活动有关的现金	43 105.76	31 958.89
经营活动现金流入小计	22 227 100.03	19 452 986.00
购买商品、接受劳务支付的现金	17 241 681.26	14 549 053.61
支付给职工以及为职工支付的现金	654 201.46	524 670.32
支付的各项税费	1 603 013.08	1 191 459.68

续表

	2007 年 12 月 31 日	2006 年 12 月 31 日
支付的其他与经营活动有关的现金	504 179.05	577 198.15
经营活动现金流出小计	20 276 474.76	16 931 668.59
经营活动产生的现金净额	1 950 625.27	2 521 317.41

那么，宝钢股份的优质资产与良好信誉是否具有持续性发展的优势呢？

下面，让我们来进一步跟踪该公司近年的财务状况与经营成果及现金流状况。

宝钢股份 2011 年的比较财务报表有关资料如下(见表 4、表 5、表 6)。

表 4

2011 年比较资产负债表

单位：元

变动时间	2011 年 12 月 31 日	2010 年 12 月 31 日	增长比率	变动时间	2011 年 12 月 31 日	2010 年 12 月 31 日	增长比率
变动原因	年报	年报		变动原因	年报	年报	
流动资产：				流动负债：			
货币资金	14 379 464 105.74	9 200 675 786.05	56.29%	短期借款	38 876 457 632.91	23 611 246 423.82	64.65%
拆出资金	—	—	0.00%	交易性金融负债	—	3 480 773.10	−100.00%
交易性金融资产	352 804 683.86	297 133 851.72	18.74%	应付票据	2 677 585 618.61	2 221 942 799.91	20.51%
应收票据	12 860 113 254.16	7 879 784 804.93	63.20%	应付账款	19 270 699 108.70	19 164 134 658.37	0.56%
应收账款	6 983 893 119.47	6 728 952 000.41	3.79%	预收款项	10 789 724 318.08	11 795 800 061.97	−8.53%
预付款项	5 298 265 694.46	5 464 166 424.66	−3.04%	应付职工薪酬	1 553 291 216.55	1 641 234 036.31	−5.36%
应收利息	11 757 749.94	8 097 921.09	45.19%	应交税费	−987 589 062.21	1 143 198 028.04	−186.39%
应收股利	246 648 970.16	19 199 112.85	1 184.69%	应付利息	316 050 944.68	289 681 337.11	9.10%
其他应收款	1 227 688 540.03	1 088 689 487.14	12.77%	应付股利	18 082 635.32	14 489 839.41	24.80%
存货	37 389 713 386.91	38 027 321 873.88	−1.68%	其他应付款	780 610 181.71	865 954 967.77	−9.86%
一年内到期的非流动资产	483 907 475.02	150 362 590.00	221.83%	一年内到期的非流动负债	16 809 668 448.29	3 536 710 083.31	375.29%
流动资产合计	79 234 256 979.75	68 864 383 852.73	15.06%	流动负债合计	98 838 166 074.85	73 196 213 788.44	35.03%
非流动资产：				非流动负债：			
发放贷款及垫款	3 410 144 438.27	3 931 800 234.92	−13.27%	长期借款	7 325 679 720.00	8 586 976 200.00	−14.69%
可供出售金融资产	1 504 972 994.37	1 253 630 345.22	20.05%	应付债券	8 918 663 150.96	18 474 795 283.20	−51.73%
长期应收款	27 388 500.00	—	100.00%	长期应付款	—	2 542 058 246.12	−100.00%
长期股权投资	4 498 487 312.97	4 432 305 394.65	1.49%	专项应付款	911 415 731.15	458 086 945.11	98.96%
投资性房地产	487 474 698.00	154 564 391.52	215.39%	递延所得税负债	316 780 621.85	396 226 414.46	−20.05%
固定资产：				其他非流动负债	1 319 044 230.80	1 088 486 622.56	21.18%
固定资产净值	115 371 361 577.46	117 737 019 179.64	−2.01%	非流动负债合计	18 791 583 454.76	31 546 629 711.45	−40.43%
在建工程	16 282 590 033.75	9 762 744 217.47	66.78%	负债合计	117 629 749 529.61	104 742 843 499.89	12.30%
工程物资	805 812 260.74	504 102 159.55	59.85%	股东权益：			
无形资产及其他资产：				股本	17 512 048 088.00	17 512 048 088.00	0.00%
无形资产	8 126 173 826.75	8 149 310 483.44	−0.28%	资本公积	37 330 639 029.54	37 565 832 959.01	−0.63%
长期待摊费用	42 017 928.52	18 828 446.84	123.16%	盈余公积	21 132 255 172.18	20 120 354 494.62	5.03%
递延所得税资产	1 188 689 741.88	1 135 371 070.97	4.70%	未分配利润	30 754 305 445.21	29 657 858 912.76	3.70%
其他非流动资产	120 375 537.42	121 043 972.78	−0.55%	外币报表折算差额	−245 545 838.69	−145 142 801.00	69.18%
非流动资产合计	151 865 488 850.13	147 200 719 897.00	3.17%	股东权益合计	113 469 996 300.27	111 322 260 249.84	1.93%
资产总计	231 099 745 829.88	216 065 103 749.73	6.96%	负债和股东权益总计	231 099 745 829.88	216 065 103 749.73	6.96%

表5　**2011年比较利润表**　单位：元

变动时间	2011年12月31日	2010年12月31日	增长率
变动原因	年报	年报	
一、营业总收入	222 856 551 230.36	202 413 451 160.48	10.10%
其中：营业收入	222 504 684 693.73	202 149 152 364.77	10.07%
利息收入	346 304 088.75	260 099 385.43	33.14%
手续费及佣金收入	5 562 447.88	4 199 410.28	32.46%
二、营业总成本	214 640 818 873.43	186 606 666 454.28	15.02%
其中：营业成本	203 040 720 884.79	175 394 408 303.02	15.76%
利息支出	202 705 805.40	161 154 184.87	25.78%
手续费及佣金支出	366 496.27	228 023.90	60.73%
营业税金及附加	441 204 466.15	525 055 202.74	−15.97%
销售费用	1 949 535 869.48	1 784 620 103.36	9.24%
管理费用	8 583 662 236.26	7 746 940 533.07	10.80%
财务费用	72 320 524.41	806 574 502.66	−91.03%
资产减值损失	350 302 590.67	187 685 600.66	86.64%
加：公允价值变动收益	−7 305 654.37	12 063 575.63	−160.56%
投资收益	630 470 730.12	826 681 541.14	−23.73%
其中：对联营企业和合营企业的投资收益	260 237 983.08	444 906 040.66	−41.51%
三、营业利润	8 838 897 432.68	16 645 529 822.97	−46.90%
加：营业外收入	646 413 128.52	589 839 984.17	9.59%
减：营业外支出	225 185 204.97	179 372 012.82	25.54%
其中：非流动资产处置损失	178 886 100.76	133 386 264.64	34.11%
四、利润总额	9 260 125 356.23	17 055 997 794.32	−45.71%
减：所得税费用	1 524 325 189.19	3 715 345 425.92	−58.97%
五、净利润	7 735 800 167.04	13 340 652 368.40	−42.01%
归属于母公司所有者的净利润	7 361 961 636.41	12 868 848 082.97	−42.79%
少数股东损益	373 838 530.63	471 804 285.43	−20.76%
六、每股收益			

续表

变动时间	2011 年 12 月 31 日	2010 年 12 月 31 日	增长率
基本每股收益	0.42	0.73	－42.47%
七、其他综合收益	－602 064 417.18	－14 870 783.07	3 948.64%
八、综合收益总额	7 133 735 749.86	13 325 781 585.33	46.47%
归属于母公司所有者的综合收益总额	6 758 583 369.51	12 868 888 564.07	－47.48%
归属于少数股东的综合收益总额	375 152 380.35	456 893 021.26	－17.89%

表 6　**2011 年比较现金流量表(摘要)**　单位:元

	2011 年 12 月 31 日	2010 年 12 月 31 日
项　目	年　报	年　报
一、经营活动产生的现金流量:		
销售商品、提供劳务收到的现金	250 862 817 851.43	231 965 535 494.77
收到其他与经营活动有关的现金	2 765 023 762.90	2 068 141 410.04
经营活动现金流入小计	254 927 966 205.80	236 520 148 327.37
购买商品、接受劳务支付的现金	222 611 487 125.82	198 696 473 425.56
支付利息、手续费及佣金的现金	191 038 515.12	158 641 748.63
支付给职工以及为职工支付的现金	9 093 149 003.85	8 025 470 106.38
支付的各项税费	7 367 904 635.22	7 277 031 657.28
支付其他与经营活动有关的现金	2 882 184 440.95	2 995 327 587.78
经营活动现金流出小计	242 785 736 457.82	217 664 621 963.52
经营活动产生的现金流量净额	12 142 229 747.98	18 855 526 363.85

【问题思考】

1. 根据宝钢股份 2007 年财务报表资料,分析该公司的基本财务状况,并对当时的资产收购项目做出评价。

2. 假如你是银行主管,这家公司要求借一笔相当于总资产 10%的借款,期限是 90 天,你认为这家公司有信用风险吗?为什么?

3. 根据该公司 2011 年年报及近年的财务资料,综合分析其近年的财务状况、经营成果及偿债能力的变化情况。

4. 结合当前的经济形势及钢铁行业的发展趋势。你认为这家公司有何优势及弱势?

【准则依据】

1.《企业会计准则——基本准则》。

2.《企业会计准则第 30 号——财务报表列报》。

【参考提示】

在对上市公司进行财务状况与战略措施综合分析时，既要联系当前世界经济现状与国际市场行情，更应结合国家宏观经济形势与相关的产业政策及税收政策、公司所处的行业背景以及整个行业的未来发展趋势，才能有一个比较客观、全面的评价。

【分析点评】

1.首先，我们对宝钢股份 2007 年的财务状况及信用风险进行基本分析：

(1)从 2007 年该公司的资产负债表可见：

所有资产项目中固定资产金额最大，为 8 155 175.43 万元，占总资产的 43%。

这是因为宝钢的主营业务为高档钢材和其他钢铁产品的冶炼、加工和销售，需要大量的生产设备。2007 年，公司完成固定资产投资 225.4 亿元。如果上述收购资产项目完成，该公司的固定资产规模将有较大的增幅。而且该项收购不包括相关负债，故质地较好。

从该公司资产负债表上可见，本期发生增减变动最大的有以下几项：

交易性金融负债为 1 807.66%；一年内到期的非流动负债 598.92%；其他非流动负债 474.16%。

2007 年 12 月 31 日该公司的衍生金融负债为 174 951 938.47 元。其他非流动负债主要为政府补助形成的递延收益。

通过对该公司的资产负债表分析，可以评价该公司的短期偿债能力。

截至 2007 年 12 月 31 日，该公司的资产负债率为 49.77%，流动负债率为 86.96%，流动负债总额为 758 亿元。

虽然宝钢股份公司的流动负债总额较大，且流动负债偏高，但据该公司的年报资料披露，公司尚未使用的银行贷款授信额度约计人民币 540 亿元，考虑上述银行贷款授信额度及经营活动产生的现金流量 195 亿元(2007 年度)，宝钢股份公司在未来一年将具备足够的资金以应付各项到期的流动负债，短期偿债能力很好。

长期偿债能力根据其资产负债率为 49.77%，主要由于公司的固定资产比例较大，因此其资产负债率比较合适。说明公司财务杠杆运用比较恰当，基本上没有大的财务风险。

(2)从该公司的比较利润表上可知：

2007 年净利润占营业收入的比重(净利率)为 6.65%，而 2006 年的净利率为 8.07%。

其主要原因可从 2007 年利润表上的非经营性项目中发生的较大百分比变动看出：营

业外收入 174.48%，说明该公司在 2007 年的利润中非经营性的收入所作的贡献，并影响了其净利率的增长。

该公司的净资产报酬率为：2007 年 13.44%，2006 年 15.11%。这个指标无论在同行业还是其他公司都是比较高的。可见，宝钢股份不仅资产质量高，而且净资产的回报率也高。

(3)从该公司的现金流量表可知：

2007 年实现经营活动现金净流入 195.1 亿元，较 2006 年减少流入 57.1 亿元。

其主要原因是：2007 年，该公司购销规模较上年有所增加，销售商品、提供劳务收到的现金和购买商品、接收劳务支付的现金均有不同程度增长，使现金流入增加 57.0 亿元；受销售规模和所得税清算影响，支付税费较上年增加 41.2 亿元。

2. 其次，分析该公司的信用风险：

信用风险一般可从两方面来看：对固定收益投资而言，是指债务人到期未能支付本金或利息而引起经济损失的风险；对权益投资而言，是指因被投资集团经营失败而引起损失的风险。

从上述对宝钢股份的现有财务指标分析来看，该公司的长期偿债能力较强，而对短期偿债能力而言，由于其流动负债总额达 668 亿元，故流动负债率较高，为 86.96%。

因此，该公司的信用风险主要来自于各类流动性项目，如应收和预付款项，以及发放贷款及垫款。该公司对此已采取措施：

(1)力图通过与经认可的、信誉良好的第三方进行交易来控制信用风险。在相关销售贸易结算中，主要采取全额预收款或定金加带款提货的方式进行结算，仅对少量战略客户通过信用评估后，确定授信额度和期限，并尽可能通过银行承兑汇票进行结算。在相关采购贸易结算中，主要采取货到付款或信用付款的方式进行结算，仅对工程项目承建商、部分建设周期较长的设备供应商及紧缺资源供应商等，通过信用评估后，确定授信额度和期限，给予一定预付款。

(2)发放贷款及垫款全部系财务公司开展的主营业务，债务人仅限于信用评估状况良好的宝钢集团成员单位，信用风险控制在适当的水平内。

(3)其他金融资产和负债的信用风险源自因交易对方违约的风险。在没有可利用的担保物或其他信用增级的情况下，宝钢股份的最大风险敞口等于这些金融工具的账面价值。但该公司并没有提供任何其他可能令其承受信用风险的担保。由于该公司于 2007 年 12 月 31 日的应收账款中仅有 17%是应收五大客户的款项，因此，该公司未面临重大信用集中风险。

该公司的总资产为 18 833 579.53 万元，10%为 188 亿元，由于该公司尚未使用的银行贷款授信额度约计人民币 540 亿元，经营活动产生的现金流量 195 亿元(2007 年度)，资产负债率小于 50%，该公司运用贸易融资、长短期借款及其他计息借款等方式保持融资持续性与灵活性的平衡，并获得主要金融机构足额授信，以满足短期和较长期的资金需求。

此外，宝钢股份实时监控短期和长期资金需求，确保维持充裕的现金储备和可供随时变现的有价证券。因此，该公司基本无信用风险，可以给予贷款。

3.再次，我们跟踪分析这家公司近年的财务状况变化趋势。

(1)由 2011 年该公司的资产负债表可知：

所有资产项目中固定资产金额最大，为 11 537 136.16 万元，占总资产的 49.92%。

这是因为宝钢的主营业务为高档钢材和其他钢铁产品的冶炼、加工和销售，需要大量的生产设备。虽然 2011 年末固定资产净值比 2010 年末减少 23.7 亿元，但这主要是由于当年购置和在建工程转入固定资产 108.5 亿元，计提折旧达到 129.3 亿元。2011 年公司完成固定资产投资 165.7 亿元。

从该公司资产负债表上可见，本期发生增减变动较大的有以下几项：

应收股利较上年增长 1 184.69%，这主要是因为尚未收回河南龙宇能源股份有限公司、无锡宝井以及中冶赛迪工程技术股份有限公司的账龄为 1 年以内的股利。

1 年内到期的非流动负债增长 375.29%，1 年内到期的非流动资产增长 221.87%，主要为即将到期的信托理财产品。

通过对该公司的资产负债表分析，可以评价该公司的短期偿债能力。

截至 2011 年 12 月 31 日，该公司的资产负债率为 50.90%，流动负债率为 84.02%，流动负债总额为 988 亿元。

虽然宝钢股份公司的流动负债总额较大，并且流动负债偏高，但根据该公司 2011 年年报披露，公司尚未使用的银行贷款授信额度约计人民币 890.48 亿元。考虑到上述银行贷款授信额度以及 2011 年度经营活动产生的现金流量 121.42 亿元，宝钢股份公司在未来 1 年内将具备足够的资金以应对各项到期的流动负债，短期偿债能力较好。

该公司 2011 年的资产负债率为 50.90%，由于该公司的固定资产比例较大，因此其资产负债率比较合适，说明该公司财务杠杆运用比较恰当，基本上没有大的财务风险。

(2)由 2011 年该公司的比较利润表可知：

2011 年公司净利润占营业收入的比重(净利率)为 3.48%，而 2010 年的净利率为 6. 38%。

其主要原因是由于 2011 年钢铁行业与高产量对应的是高成本和低效益的运行态势。铁矿石、废钢和焦炭等主要原材料价格显著攀升，其中进口矿石价格全年同比上涨 28. 2%。在国外主要发达国家经济普遍下滑、国内货币紧缩、房地产调控及下游制造业增速放缓等因素影响下，钢材需求大幅减少，钢价出现较大波动且产品结构性矛盾进一步突出。此外，钢材价格与矿石价格的金融属性和相关性同步提高，钢铁行业利润空间受到进一步挤压，钢铁行业利润率已处于国内工业领域最低水平，国内钢铁行业已步入“微利时代”。

(3)由该公司的现金流量表可知：

2011 年实现经营活动现金净流入 121.42 亿元，较 2010 年减少流入 67.13 亿元。

其主要原因是：2011 年，该公司购销规模较 2010 年有所增加，销售商品、提供劳务收到的现金和购买商品、接受劳务支付的现金均有不同程度增长。受销售规模和所得税清算的影响，支付职工薪酬较 2010 年增加 10.68 亿元，支付所得税较 2010 年增加 9 087 万元。

4.最后，针对目前钢铁行业所面临的机遇和挑战，结合宝钢股份的自身情况，客观评价其优势和弱势。

(1)该公司的优势：

①2011 年上半年，宝钢抓住需求相对较旺的市场机遇，实现钢铁产能最大化，按产品效益优先级平衡分配铁钢资源，争取效益最大化。下半年，根据钢铁市场变化及时调整生产运营方针，以系统成本最优为原则进一步降低生产运行成本。

②严格管控各项费用，推进技术降本和低成本制造。进一步加大对维修费、协力费、厂务费、可控销管费等的控制。开展成本对标分析，深化同工序成本对标。健全风险管理体系，完善预警、风险报告及监控机制，提升风险管理能力。

③围绕环境经营，打造绿色采购到绿色使用的钢铁产品产业价值链，实现产品研发由传统设计向生态设计的转变。发布国内钢铁业首个《绿色采购指南》。

④遵循“量入为出、谨慎投资”的原则，公司 2011 年完成固定资产投资 165.67 亿元。一批重大项目相继建成，重点项目建设进度平稳受控。

(2)该公司的劣势：

①随着控制低档次产品出口征税政策效应逐步显现，以及人民币持续升值，相对地提高了中国钢铁企业在国际市场的成本，我国钢铁企业出口减少的压力正在加大。如果国内市场供求相对平衡格局被打破，将对国内钢铁企业生产经营产生压力。

②国家通货紧缩的货币信贷政策将使资本密集型的企业融资受到一定限制；在原燃料成本上升压力加剧和环保、债务成本等均呈加速上涨情况下，国内钢铁企业将遭受成本上涨、利润率下降的压力。

③随着国家对钢铁企业节能环保要求不断提高，未来宝钢股份公司在生产经营过程中将面临淘汰落后产能、强化节能减排、保持先进的挑战，并需对此有较大的资金投入。

同时，宝钢股份公司也将面临国内钢铁企业继续低成本扩张产能、技术装备快速赶超的同构竞争。

（撰稿：张其秀、程琰）

案例 16.3　“四川长虹”的坏账症结

【背景资料】

四川长虹电器股份有限公司成立于 1988 年 6 月，其源头国营长虹机器厂创业于 1958 年，在当时是我国研制生产军用、民用雷达的重要基地。长虹于 20 世纪 70 年代初开始研制和生产电视机，1992 年开始进行规范化股份制改组。1994 年，长虹股票(A 股代码 600839)在上海证券交易所挂牌上市。其主营业务涵盖：视频、空调、视听、电池、器件、通信，小家电及可视系统等产品的研发生产销售。

“四川长虹”股票过去很长一段时间里一直是家电行业的龙头股，作为老牌绩优股，在中国股市的历史上曾经有过辉煌，股价最高一度涨到 60 多元。然而，就是这样一家具有优良业绩的公司，在 2004 年 12 月 27 日却突然发布了年度预亏提示性公告，其中提到了美国进口商 APEX 公司由于涉及专利费，及美国对中国彩电反倾销等因素出现了较大亏损，全额支付公司欠款存在较大困难，公司决定对此项应收账款按更为谨慎的个别认定法计提坏账准备，预计最大计提金额在 3.1 亿美元左右。2005 年 4 月 12 日，四川长虹在 2004 年年报中披露该项坏账准备，金额约为 25.97 亿元，由此造成 2004 年该公司合并报表净利润亏损约为 36.81 亿元。从此，四川长虹一蹶不振，始终被“坏账”的阴影笼罩，股价一落千丈，最低跌到 2 元多，并多年在低位徘徊。

2007 年，四川长虹计提的美国 APEX 公司应收账款坏账准备金额由于汇率变化增加了 1.58 亿元。

该公司 2007 年度财务报表资料如下(见表 1、表 2、表 3)。

表 1　　2007 年资产负债表　　单位：万元

项　目	2007 年 12 月 31 日	2006 年 12 月 31 日	增减
资产			
流动资产：			
货币资金	198 749.27	209 804.79	−5.27%
交易性金融资产	9 967.45	27 848.23	−64.21%
应收票据	392 013.12	148 684.19	163.65%
应收账款	225 877.86	194 880.87	15.91%
预付款项	41 402.39	43 910.34	−5.71%
应收利息	51.65		
其他应收款	39 721.58	38 063.04	4.36%
存货	658 671.84	530 819.14	24.09%

续表

项　目	2007年12月31日	2006年12月31日	增减
一年内到期的非流动资产	3 799.03		
流动资产合计	1 570 254.18	1 194 010.60	31.51%
非流动资产：			
长期应收款	17 167.12		
长期股权投资	135 145.49	22 324.52	505.37%
投资性房地产	5 520.47	3 801.58	45.22%
固定资产	267 227.35	238 582.76	12.01%
在建工程	12 180.14	16 551.71	−26.41%
固定资产清理	28 830.25	5 575.61	417.08%
无形资产	236 363.95	166 829.38	41.68%
开发支出	6 552.25		—
商誉	2 873.80	1 961.05	46.54%
长期待摊费用	2 435.12	5 680.00	−57.13%
递延所得税资产	21 106.42	22 683.65	−6.95%
非流动资产合计	735 402.36	483 990.27	51.95%
资产总计	2 305 656.54	1 678 000.87	37.40%
负债			
流动负债：			
短期借款	282 245.26	242 818.07	16.24%
应付账款	369 729.90	233 083.33	58.63%
应付票据	336 172.59	190 821.85	76.17%
应付职工薪酬	26 108.84	15 721.82	66.07%
预收款项	67 792.57	53 420.16	26.90%
应交税费	−49 974.67	−45 918.96	8.83%
应付利息	3 015.83	501.88	500.91%
其他应付款	42 592.88	37 871.96	12.47%
一年内到期的非流动负债	2 000.00	0.00	—

续表

项　目	2007 年 12 月 31 日	2006 年 12 月 31 日	增减
其他流动负债	100 441.02	236.50	42369.43%
流动负债合计	1 180 124.23	728 556.62	61.98%
非流动负债：			
长期非流动负债	18 684.91	18 684.91	0.00%
预计负债	26 962.08	8 473.38	218.20%
递延所得税负债	1 840.63	536.67	242.97%
其他非流动负债	2 451.28	2 229.00	9.97%
非流动负债合计	49 938.90	11 239.05	344.33%
负债合计	1 230 063.13	739 795.67	66.27%
所有者权益(或股东权益)			
实收资本(或股本)	189 821.14	189 821.14	0.00%
资本公积	326 399.96	326 702.97	−0.09%
盈余公积	352 235.69	349 992.30	0.64%
未分配利润	61 641.55	43 474.48	41.79%
外币报表折算差额	−334.45	−65.65	409.48%
归属于母公司所有者权益合计	929 763.90	909 925.25	2.18%
少数股东权益	145 829.51	28 279.95	415.66%
股东权益合计	1 075 593.41	938 205.20	14.64%
负债与股东权益合计	2 305 656.54	1 678 000.87	37.40%

表 2　**利润表**　单位：万元

项　目	2007 年 12 月 31 日	2006 年 12 月 31 日	增减
一、营业收入	2 304 683.24	1 889 297.50	21.99%
减：营业成本	1 945 495.08	1 589 290.14	22.41%
营业税金及附加	3 473.94	4 845.85	−28.31%
销售费用	227 614.98	188 456.78	20.78%
管理费用	85 334.71	71 989.40	18.54%

续表

项　目	2007年12月31日	2006年12月31日	增减
财务费用	19 583.43	15 017.49	30.40%
资产减值损失	16 961.59	－5 619.13	
加：公允价值变动收益(损失以"—"号填列)	12 380.59	6 202.92	99.59%
投资收益(损失以"—"号填列)	24 053.33	3 415.72	604.20%
其中：对联营企业和合营企业的投资收益	－251.63	133.46	－288.54%
二、营业利润	42 653.43	34 935.60	22.09%
加：营业外收入	9 959.24	1 522.64	554.08%
减：营业外支出	2 025.20	378.67	434.82%
其中：非流动资产处置损失	1 547.85	80.43	1 824.47%
三、利润总额	50 587.47	36 079.57	40.21%
减：所得税	6 377.04	4 830.89	32.01%
减：少数股东损益	10 512.49	8 346.56	25.95%
四、净利润	33 697.94	22 902.12	47.14%

表3　　**现金流量表(局部)**　　单位：万元

项　目	2007年12月31日	2006年12月31日	增减
一、经营活动产生的现金流量			
销售商品、提供劳务收到的现金	2 289 673.56	2 298 311.75	－0.38%
收到的其他与经营活动有关的现金	15 670.16	10 812.18	44.93%
现金流入小计	2 318 481.63	2 325 911.60	－0.32%
购买商品、接受劳务支付的现金	2 031 957.75	1 979 745.78	2.64%
支付给职工以及为职工支付的现金	105 569.81	107 366.17	－1.67%
支付的各项税费	54 399.65	35 469.59	53.37%
支付的其他与经营活动有关的现金	168 082.53	164 776.07	2.01%
现金流出小计	2 360 009.74	2 287 357.61	3.18%
经营活动产生的现金净额	－41 528.12	38 553.99	－207.71%

部分附注：

(二)会计估计变更

本公司根据企业会计准则和应用指南通过了根据本公司具体情况制定的会计政策和会计估计，自 2007 年 1 月 1 日起实施。根据本公司以前年度的历史经验数据和现时情况更改了应收款项的坏账准备估计比例。

2006 年及以前年度，应收款项坏账损失采用备抵法核算。对个别出现明显回收困难的应收款项，根据款项的具体情况采用个别认定法计提。对于一般的应收款，根据账龄分析法计提坏账准备。从 2007 年 1 月 1 日起，本公司应收款项的减值，按照《企业会计准则第 22 号——金融工具的确认和计量》规定执行，相关会计政策和会计估计详见注 4 至注 6。对于未单独计提坏账准备或未进行单独减值测试的应收款的坏账估计比例，今年与往年相比有如下变化：

信用风险特征组	变更前估计坏账比例	变更后估计坏账比例	差异
1 年以内	0.00%	5.00%	−5.00%
1～2 年	10.00%	15.00%	−5.00%
2～3 年	30.00%	35.00%	−5.00%
3～4 年	50.00%	55.00%	−5.00%
4～5 年	80.00%	85.00%	−5.00%
5 年以上	100.00%	100.00%	

在 2010 年 6 月 29 日召开的四川长虹董事会上，一致同意对公司共计 14 640 225 元人民币的坏账进行核销，公司已按有关规定计提了相应的坏账准备。在 2011 年 12 月根据公司对问题应收账款的清理情况，对 APEX 公司账款经多方清查核实判断为坏账，同意对应收 APEX 公司的坏账进行核销，本次核销的坏账金额总计人民币 2 292 292 907.29 元。

经过 APEX 公司的应收账款坏账事件，四川长虹公司近年的财务状况如何？四川长虹是否已从中吸取教训，是否加强了对应收账款的关注，应收账款问题是否依然困扰？经营业绩是否有所改观？我们不妨跟踪了解一下这家公司近年的财务状况变化。

下面是该公司 2011 年度的财务报表(见表 4、表 5、表 6)。

表 4 **2011 年资产负债表** 单位：元

项　目	2011 年	2010 年
流动资产：		
货币资金	11 150 784 464.10	10 235 467 890.03
交易性金融资产	51 800 239.70	49 835 229.31
应收票据	9 076 859 127.56	6 368 754 828.43
应收账款	5 929 945 164.96	4 624 368 990.36

续表

项　目	2011 年	2010 年
预付款项	1 077 779 960.39	605 013 411.82
应收利息	6 425 900.00	
其他应收款	666 161 076.07	538 216 763.51
存货	10 047 085 404.95	8 851 903 512.02
其他流动资产	11 952 873.61	6 425 239.59
流动资产合计	38 018 794 211.34	31 279 985 865.07
非流动资产：		
可供出售金融资产		462 672.00
持有至到期投资	70 000 000.00	
长期股权投资	611 095 997.17	581 751 988.78
投资性房地产	69 335 833.58	73 172 251.96
固定资产	8 104 492 036.78	8 396 522 513.76
在建工程	825 662 359.06	447 098 628.23
无形资产	3 263 585 387.98	3 123 425 042.98
开发支出	319 838 503.76	277 157 940.72
商誉	160 029 563.97	169 401 822.02
长期待摊费用	10 581 782.50	12 201 365.21
递延所得税资产	197 648 440.31	194 763 670.53
非流动资产合计	13 632 269 905.11	13 275 957 896.19
资产总计	51 651 064 116.45	44 555 943 761.26
流动负债：		
短期借款	8 866 964 853.38	8 925 047 328.76
交易性金融负债	39 430 079.49	22 591 192.11
应付票据	4 870 595 426.86	4 399 977 043.60
应付账款	7 922 178 839.06	6 521 001 259.04
预收款项	1 512 944 159.96	2 113 317 472.13
应付职工薪酬	464 083 240.51	404 843 726.40

续表

项　目	2011年	2010年
应交税费	－280 537 416.10	－404 295 310.87
应付利息	53 310 724.08	42 637 635.89
应付股利	7 798 697.55	4 736 241.97
其他应付款	1 631 591 013.94	1 213 344 403.72
一年内到期的非流动负债	1 327 377 261.59	416 956 277.23
流动负债合计	26 415 736 880.32	23 660 157 269.98
非流动负债：		
长期借款	3 490 668 142.02	2 928 891 210.00
应付债券	2 770 626 295.38	2 344 464 004.13
专项应付款	18 494 978.80	33 214 132.26
预计负债	459 492 095.90	453 238 341.46
递延所得税负债	144 838 243.06	175 915 693.46
其他非流动负债	481 666 282.79	351 347 423.28
非流动负债合计	7 365 786 037.95	6 287 070 804.59
负债合计	33 781 522 918.27	29 947 228 074.57
所有者权益(或股东权益)：		
实收资本(或股本)	4 616 244 222.00	2 847 317 127.00
资本公积	3 801 600 150.50	2 633 327 702.51
盈余公积	3 417 480 524.48	3 356 791 268.08
未分配利润	1 393 586 275.43	1 048 061 839.32
外币报表折算差额	－7 918 864.23	－11 370 584.31
归属于母公司所有者权益合计	13 220 992 308.18	9 874 127 352.60
少数股东权益	4 648 548 890.00	4 734 588 334.09
所有者权益合计	17 869 541 198.18	14 608 715 686.69
负债和所有者权益总计	51 651 064 116.45	44 555 943 761.26

表 5　　2011 年利润表　　单位：元

项　目	2011 年	2010 年
一、营业总收入	52 003 328 326.13	41 711 808 864.18
其中：营业收入	52 003 328 326.13	41 711 808 864.18
二、营业总成本	51 861 601 403.14	41 834 413 078.09
其中：营业成本	43 878 358 805.89	34 906 106 541.75
营业税金及附加	305 696 915.64	196 776 058.16
销售费用	4 952 966 095.88	4 324 269 632.44
管理费用	2 066 670 177.57	1 618 953 461.58
财务费用	64 032 260.78	131 618 043.81
资产减值损失	593 877 147.38	656 689 340.35
加：公允价值变动收益(损失以"—"号填列)	8 129 729.53	—22 081 979.33
投资收益(损失以"—填列)	138 617 829.58	432 726 742.38
其中：对联营企业和合营企业的投资收益	2 239 829.49	4 015 873.00
三、营业利润(亏损以"—"号填列)	288 474 482.10	288 040 549.14
加：营业外收入	404 335 793.91	488 121 532.06
减：营业外支出	146 436 202.68	104 866 814.44
其中：非流动资产处置损失	96 495 698.79	83 455 252.07
四、利润总额(亏损总额以"—"号填列)	546 374 073.33	671 295 266.76
减：所得税费用	223 590 201.87	193 983 280.44
五、净利润(净亏损以"—"号填列)	322 783 871.46	477 311 986.32

表 6　　2011 年现金流量表(局部)　　单位：元

项　目	2011 年	2010 年
一、经营活动产生的现金流量		
销售商品、提供劳务收到的现金	47 845 883 499.96	38 527 150 246.27
收到的税费返还	542 710 807.03	295 274 354.15
收到其他与经营活动有关的现金	930 611 587.38	463 391 260.48
经营活动现金流入小计	49 319 205 894.37	39 285 815 860.90

续表

项 目	2011 年	2010 年
购买商品、接受劳务支付的现金	43 412 676 109.76	33 889 560 301.91
支付给职工以及为职工支付的现金	3 131 222 510.69	2 566 388 782.34
支付的各项税费	1 402 009 507.41	966 396 378.35
支付其他与经营活动有关的现金	2 593 103 771.15	2 602 007 357.20
经营活动现金流出小计	50 539 011 899.01	40 024 352 819.80
经营活动产生的现金流量净额	—1 219 806 004.64	—738 536 958.90

部分附注:

1. 应收款项坏账准备

应收款项采用摊余成本进行后续计量,摊余成本为初始确认的金额扣除已收到的金额及相应的坏账准备后的余额:对于收款期不足 1 年和公司拥有随时收款权利的应收款项,直接以未来现金流量作为可收回金额,不考虑折现;对于收款期 1 年以上的长期应收款,合同或协议约定了明确的收款期限和收款期资金占用利率,还需要按实际利率法对余额进行调整,以调整后的余额作为报告金额,未到收款期的长期应收款账龄划分为 1 年以内(按 5%计提坏账准备)。

2. 会计估计变更及影响:基于财务稳健性、审慎性原则,为进一步加强风险控制,公司第八届董事会第十五次会议决议同意对公司及下属子公司会计估计中的应收款项坏账准备的计提方法中的“单项金额重大并单项计提坏账准备的应收款项判断依据或金额标准”进行修改。

变更前	期末应收账款余额在 1 300 万元以上或其他应收款余额在 1 000 万以上
变更后	从单项金额占总额的 5%开始测试,如果单项金额占总额 5%以上汇总大于总额 80%,单项金额占总额的 5%可以作为单项重大的判断条件;如果单项金额占总额的 5%以上汇总数小于总额 80%,应当降低单项金额重大的认定条件,直到单项金额重大的汇总金额满足总额 80%

变更后,公司应收款项单项金额重大的判断范围发生了变化,对应收款项中的重大单项金额按新标准进行减值测试的覆盖范围更大,新标准下单项金额重大的应收款项客户与公司业务关系正常,经测试未发现减值,不需要单项计提坏账准备。此项变更不影响公司 2011 年末的坏账准备金额,不影响公司 2011 年利润总额和归属于母公司的净利润。

3. 应收账款按账龄法列示:

项目	年末金额			年初金额		
	金额(元)	比例(%)	坏账准备(元)	金额(元)	比例(%)	坏账准备(元)
1年以内	6 009 492 243.32	97.06	215 810 694.24	4 219 209 714.23	59.39	149 587 372.83
1～2年	118 505 243.78	1.91	13 298 507.93	120 975 376.15	1.70	15 793 122.39
2～3年	42 646 120.67	0.69	16 341 707.58	33 382 093.47	0.47	13 629 991.74
3～4年	10 028 511.97	0.16	6 309 534.20	14 366 085.97	0.20	8 494 012.18
4～5年	11 149 858.85	0.18	10 116 369.68	656 655.46	0.01	561 412.58
5年以上	50 464.45	—	50 464.45	2 716 196 117.54	38.23	2 292 351 140.74
合计	6 191 872 443.04	100	261 927 278.08	7 104 786 042.82	100	2 480 417 052.46

【问题思考】

1.请根据对四川长虹公司的历史资料了解(参考该公司2007年财务报表资料),分析为什么应收账款坏账始终是该公司的症结所在。

2.根据四川长虹的2011年的年报资料,综合分析该公司近年财务状况变化及利润的主要影响因素。

3.通过四川长虹2011年财务比率的综合分析,你认为该公司目前存在哪些主要问题？是否还有潜力可挖?

4.跟踪该公司近年财务报表,对其财务状况变动进行系统性分析。

【准则依据】

1.《企业会计准则——基本准则》。

2.《企业会计准则第30号——财务报表列报》。

【参考提示】

在对上市公司财务报表进行分析评价时,一定要关注其报表附注,尤其是对公司一些重大事项的披露及会计政策的变更,以便从中获取进一步更深入了解公司实质性的问题的信息。

根据本案例设置的主题,在对四川长虹2011年年报进行综合财务分析时,首先应该关注资产负债表中的应收账款,以此为切入点,结合报表附注中的内容,进行层层分析,以揭示其产生的坏账对公司的盈利、资金流及财务的综合影响。

【分析点评】

1.首先,从四川长虹公司2007年财务报表可见,该公司的应收账款坏账症结所在:

第一,从应收账款不断增长规模可以看出,潜在坏账对会计政策的影响,尤其是应收票据的增长(163.65%)。可见,APEX坏账事件并未使公司吸取教训而适当调整销售模式。

在报表附注可见:本报告期对会计估计做了变更,即自 2007 年 1 月 1 日起实施。根据本公司以前年度的历史经验数据和现时情况更改了应收款项的坏账准备估计比例。2006 年及以前年度,应收款项坏账损失采用备抵法核算。对个别出现明显回收困难的应收款项,根据款项的具体情况采用个别认定法计提。对于一般的应收款,根据账龄分析法计提坏账准备,从 2007 年 1 月 1 日起,应收款项的账面价值低于其预计未来现金流量的现值的,对低于部分计提坏账准备,计入当期损益。对单项金额重大和单项金额不重大但按信用风险特征组合后风险较大的应收款项单独进行减值测试,计提坏账准备。

这项变更对公司的盈利情况和资产情况均产生影响:

减少资产 9 222.34 万元,同时减少利润 9 222.34 万元,相当于当期利润的 18.23 个百分点。剔除这一影响,公司当年利润总额由 50 587.47 万元调整为 59 809.81 万元,利润率由 2.19%调高到 2.59%。

第二,从应收账款的结构可以看出公司应收账款的可回收情况。从公司应收账款账龄结构表(见附注)可以看出,公司坏账率较高,一半以上,达到 51.48%,其中 4~5 年账龄的应收账款比重较高,为 53.36%,而上年同期这一比例仅为 0.29%,结合上年的账龄结构情况可以看出,账龄为 3~4 年的应收账款基本上没有收回,延续到本年度。坏账率较高可能是影响企业利润率不高的重要因素。

2. 其次,根据四川长虹公司 2011 年财务报表资料,分析近年财务状况变化及利润影响因素。

(1)从资产负债表可见,该公司近年的应收账款问题虽比以前有所改善,但依然存在,并影响公司的盈利状况。

①从 2011 年的应收款项规模较之往年有所增长来看,潜在坏账对公司财务产生的影响,应收账款增加了 28%,应收票据增长了 43%,可见 APEX 坏账事件对四川长虹有一定教训作用,使其适当调整了销售模式,虽然近年应收账款还是偏高,但是和前几年比较已经改善多了。

在该表的报表附注中可见:本报告期间对会计估计做了变更,即应收款项坏账准备的计提方法中的"单项金额重大并单项计提坏账准备的应收款项判断依据或金额标准"进行修改,从"期末应收账款余额在 1 300 万元以上或其他应收款余额在 1 000 万元以上",变更为"从单项金额占总额的 5%开始测试,如果单项金额占总额 5%以上汇总大于总额 80%,单项金额占总额的 5%可以作为单项重大的判断条件;如果单项金额占总额的 5%以上汇总数小于总额 80%,应当降低单项金额重大的认定条件,直到单项金额重大的汇总金额满足总额 80%"。此项变更不影响公司 2011 年末的坏账准备金额,不影响公司 2011 年利润总额和归属于母公司的净利润。

②从应收账款的结构可以看出公司应收账款的可回收情况。从公司应收账款账龄表中可以看出,公司的坏账率只有 4.2%,与 2010 年的 35%来比较,却是大幅度的下降,原

因是本年度实际核销的应收账款共 2 294 952 135.59 元，主要是母公司核销了 APEX 的坏账，共计 2 292 292 907.29 元。因此 5 年以上的坏账的账面金额大幅度降低，造成坏账率下降。坏账率对公司利润率产生影响。

(2)结合利润表与现金流量表分析该公司的利润质量：

2011 年公司的净利润为 322 783 871.46 元，比 2010 年减少了 32%，净利润占营业收入的比重只有 0.6%；利润表上的投资收益、营业外收入与 2010 年相比都减少。该公司的经营活动现金流为－1 219 806 004.64 元，比 2010 年减少了 65%，说明该公司的账款回笼问题依然存在。可见该公司的净利润是在降低的，相应的现金流量也是在减少，故公司的利润质量很糟糕。

(3)最后，结合近年的三张报表对四川长虹公司进行财务比率的综合分析：

短期偿债能力可以用流动比率和速动比率来反映：

流动比率＝流动资产/流动负债

速动比率＝(流动资产—存货)/流动负债

经计算，该公司 2011 年的流动比率为 1.44(38 018 794 211.34/26 415 736 880.32)。

一般而言，生产企业比较合理的最低流动比率是 2，虽然该公司 2011 年的流动比率仍未达到合理的指标，但是与 2010 年的 1.32 相比较来看，公司的短期偿债能力还是有所提高的。

从速动比率来看，四川长虹 2011 年的速动比率是 1.06，生产企业比较合理的最低速动比率为 1，可见，该公司速动比率指标已达到了合理的水平，说明该公司偿债能力有所改善。

一般而言，负债比例越高，财务杠杆系数越大，财务风险越高，预期收益也越高。用资产负债率可以初步反映公司的财务杠杆运用情况。该公司的 2011 年的资产负债率为 65%，2010 年为 67%，属于行业内资产状况比较一般的企业(生产企业一般为 60%以上)，该公司的资产负债率比 2010 年有所降低，说明公司正在缩小对财务杠杆的运用。

该公司的净资产报酬率＝净利润/股东权益＝322 783 871.46 / 17 869 541 198.18＝1.81%。

3.综上所述，可以从两个方面比较客观地对四川长虹目前的财务状况做出评价：

该公司存在的主要问题：

(1)该公司的应收款项的规模依然增长，应收票据增长了 43%，坏账发生的潜在风险依然存在。坏账率虽然有所降低，但是是外在力量应收账款的核销造成的。说明财务状况并没有实质性的改变。

(2)净利润率(0.6%)和净资产报酬率(1.81%)都不高，特别是净利润比 2010 年减少了 32%，净利润的质量也不高，公司的经营活动现金流量是－1 219 806 004.64 元，比 2010 年减少了 65%，可见，该公司产生的利润其实并没有相应的现金流入，究其原因还是应收账款造成的。对此，公司需要保持资金运转的持续性，以防止出现资金链断裂的危机。

(3)短期融资的比例较高(78.1%)，短期偿债能力压力略大，若处置不当，会陷入短期资金周转不灵的困境。

四川长虹公司作为全球大彩电制造商之一，仍具有其自身的潜在优势：

该公司财务方面的主要优势在于：

其一，资产负债率处于相对平稳的水平 65%，财务风险较小；

其二，资产中流动资产的比重相对较大(占 73.6%)，资产变现能力相对较强；

其三，营业利润是公司的主要利润来源，营业利润占公司利润总额的 89.3%，营业外收支对公司经营的影响不大，公司经营业绩相对较稳定。

为此，如何针对公司目前存在的问题的症结所在，充分利用企业多年的良好基础，进一步挖掘潜力，改变经营策略，不断创新，有所突破，也许是长虹公司管理层当前所需要思考研究的问题。

(撰稿：张其秀、罗秋宇)

第十七章　盈利能力综合分析

案例 17.1 "浦东金桥"平滑利润之嫌

【背景资料】

上海金桥出口加工区开发股份有限公司(股票名称为浦东金桥,股票代码 600639)前身为 1990 年 9 月成立的上海市金桥出口加工区开发公司。公司于 1993 年 3 月在上海证券交易所上市,同年 10 月更名为"上海金桥出口加工区开发股份有限公司"。其经营范围包括房地产开发、经营、销售、出租和中介、市政建设、工程承包、仓储运输、商业、餐饮娱乐、转口贸易和各类咨询。

浦东金桥在 2003 年以前对开发用土地所采用的会计政策是:"开发用土地在取得时,按实际成本计入'无形资产'。土地投入开发建设时,从'无形资产'转入'土地开发成本'。在开发建设过程中发生的土地征用及拆迁补偿费、前期工程费、基础设施费和配套设施费等,属于直接费用的,直接计入'土地开发成本';需要在各地块间分摊的间接费用,按土地受益面积分摊计入。"

然而,在 2003 年,浦东金桥开始对上述会计政策做了变更:"属于难以辨认或难以合理分摊的费用性成本支出,于实际发生时直接计入当期营业成本。"此项会计政策变更减少本期净利润 25 610 758.00 元,房地产销售业务的毛利率从 2002 年的 30.42%猛增到 50.78%。在 2007 年该公司房地产销售急剧下降的情况下,将该项政策隐藏的利润释放出来,出现了营业成本减幅大大超过营业收入的减幅,以此粉饰了 2007 年真实的经营业绩。

从 2002～2004 年的利润表及相关的资料中可以看出该公司在会计政策变更前后的利润情况。

表 1　　浦东金桥 2002～2004 年利润表　　单位:元

项　目	2002 年	2003 年	2004 年
主营业务收入	678 222 499.06	610 710 579.66	618 148 050.81
主营业务收入净额	678 222 499.06	610 710 579.66	618 148 050.81
减:主营业务成本	434 474 073.48	374 763 902.14	404 825 222.79

续表

项　目	2002 年	2003 年	2004 年
减:主营业务税金及附加	33 315 757.32	30 675 636.44	26 364 503.83
主营业务利润	210 432 668.26	205 271 041.08	186 958 324.19
加:其他业务利润	643 205.94	1 380 121.21	1 900 874.00
减:营业费用	16 219 078.13	13 077 341.26	13 516 033.05
管理费用	56 052 704.11	31 746 173.97	30 153 720.83
财务费用	43 443 458.39	26 411 700.07	44 258 671.49
营业利润	95 360 633.57	135 415 946.89	100 930 772.82
加:投资收益	32 879 595.44	46 762 487.12	103 066 626.14
营业外收入	242 724.39	1 043 962.29	7 023 803.59
减:营业外支出	1 040 606.06	36 432 535.88	1 871 968.41
利润总额	127 442 347.34	146 789 860.42	209 450 734.14
减:所得税费用	17 664 782.34	15 648 477.67	32 949 327.44
减:少数股东损益	1 884 843.99	2 102 015.02	233 111.65
净利润	107 892 721.01	129 040 367.73	176 268 295.05

表 2　　浦东金桥 2003 年主营业务分行业情况表　　单位:元

行　业	主营业务收入(元)	主营业务成本(元)	毛利率(%)	毛利率比上年增减(%)	收入比上年增减(%)
房地产销售	382 555 555.70	188 285 421.99	50.78	20.36	−24.73
房地产租赁	228 155 023.96	186 478 480.15	18.27	−34.17	34.23
合计	610 710 579.66	374 763 902.14	34.53	2.70	−9.95

回顾近年来的国内房地产市场，2008 年国际金融市场动荡、国内经济增速放缓，国家的宏观调控政策作用开始显现，房地产市场景气回落。金融危机过后，中国房地产市场逐渐回暖，房价飞速上涨，2010 年至今，国家已频繁出台了一系列严厉的政策对过热的房地产市场进行宏观调控。在此背景下，浦东金桥的经营状况如何？其财务报表上的盈利指标是否会有明显变化？

下面是该公司 2008 年度以来的部分财务数据摘要(见表 3、表 4、表 5)。

表 3　　**浦东金桥 2007～2008 年利润表**　　单位：元

项　目	2008 年	2007 年	增减(%)
营业收入	1 126 549 366.69	801 142 014.52	41
减：营业成本	524 644 104.45	297 949 535.76	76
营业税金及附加	101 134 687.75	93 607 376.11	8
销售费用	14 652 705.93	10 368 475.90	41
管理费用	62 613 926.08	81 885 346.01	−24
财务费用	100 974 131.33	80 906 415.85	25
资产减值损失	3 715 769.24	−14 116 881.91	−126
投资收益	32 838 378.92	9 926 917.73	231
营业利润	351 845 403.97	260 468 664.53	35
加：营业外收入	4 067 026.98	13 928 614.23	−71
减：营业外支出	1 538 515.22	255 357.42	502
利润总额	354 373 915.73	274 141 921.34	29
减：所得税费用	65 996 228.29	37 416 249.04	76
净利润	288 377 687.44	236 725 672.30	22

表 4　　**浦东金桥 2009～2010 年利润表**　　单位：元

项　目	2009 年	比上期增减	2010 年	比上期增减
营业收入	839 705 001.44	−25.46%	1 483 422 622.69	76.66%
减：营业成本	316 593 080.91	−39.66%	537 852 239.23	69.89%
营业税金及附加	68 479 890.59	−32.29%	231 008 277.16	237.34%
销售费用	12 277 928.57	−16.21%	10 793 500.27	−12.09%
管理费用	67 264 609.09	7.43%	64 981 989.51	−3.39%
财务费用	82 510 922.37	−18.29%	78 266 341.51	−5.14%
资产减值损失	−485 737.72	−113.07%	1 029 462.78	−311.94%
投资收益	204 053 776.65	521.39%	110 457 644.07	−45.87%
营业利润	497 118 084.28	41.29%	669 948 456.30	34.77%
加：营业外收入	11 591 825.34	185.02%	40 595 332.70	250.21%

续表

项　目	2009 年	比上期增减	2010 年	比上期增减
减:营业外支出	737 952.99	−52.03%	4 741 175.12	542.48%
利润总额	507 971 956.63	43.34%	705 802 613.88	38.95%
减:所得税费用	102 168 673.14	54.81%	146 630 515.03	43.52%
净利润	405 803 283.49	40.72%	559 172 098.85	37.79%

表 5　**浦东金桥 2011～2012 年利润表**　单位:元

项　目	2011 年	比上期增减	2012 年	比上期增减
营业收入	2 086 178 981.63	40.63%	1 122 232 060.26	−46.21%
减:营业成本	795 270 160.56	47.86%	397 395 855.98	−50.03%
营业税金及附加	452 567 857.39	95.91%	113 456 359.48	−74.93%
销售费用	17 960 178.77	66.40%	18 160 547.33	1.12%
管理费用	69 919 723.31	7.60%	65 294 305.51	−6.62%
财务费用	74 283 182.05	−5.09%	100 684 222.07	35.54%
资产减值损失	17 920 078.60	1640.72%	−5 877 720.08	−132.80%
投资收益	17 620 882.79	−84.05%	21 224 404.19	20.45%
营业利润	675 878 683.74	0.89%	454 342 894.16	−32.78%
加:营业外收入	25 046 261.07	−38.30%	18 204 645.47	−27.32%
减:营业外支出	702 864.17	−85.18%	5 232 906.62	644.51%
利润总额	700 222 080.64	−0.79%	467 314 633.01	−33.26%
减:所得税费用	197 912 267.06	34.97%	97 049 611.25	−50.96%
净利润	502 309 813.58	−10.17%	370 265 021.76	−26.29%

【问题思考】

1.根据现行企业会计准则的有关规定,浦东金桥的成本核算政策是否合理?

2.回顾 2003 年国内房地产市场的情况,你认为浦东金桥当时的会计估计变更可能的动机是什么?

3.结合该公司 2008 年～2012 年的年报资料及房地产市场情况,关注其利润变化情况,并分析可能的原因。

4.在近年的房地产市场变化中,该公司的盈利状况又有何关注点?

【准则依据】

1.《企业会计准则——基本准则》。

2.《企业会计准则第 30 号——财务报表列报》。

【参考提示】

在对上市公司进行盈利能力评价时，一定要结合当前国家宏观经济形势与政策，公司所处的行业背景与市场情况及整个行业的未来发展趋势，进行综合全面的分析。

【分析点评】

首先，浦东金桥 2003 年起采用的成本核算政策显然是不合理的。这是因为：

在权责发生制的核算基础下，必须遵守收入—费用配比原则，即一定时期的收入与其相关的成本、费用应当相互配比，只有这样才可能科学核算当期利润。由于房地产开发企业的“开发成本”在未完成开发前只能计入存货，不应计入主营业务成本而影响利润，这相当于制造业的“在产品”，在完工前只能算存货一样。

可见，浦东金桥将“属于难以辨认或难以合理分摊的费用性成本支出，于实际发生时直接计入当期营业成本”，这一会计政策显然违背收入—费用配比原则，即：收入是在不同的会计期间实现的，而费用则全部由当期承担，这样的处理会人为压低当期账面利润。

其次，回顾一下 2003 年国内房地产市场，当时房地产市场刚刚开始复苏，房价逐渐上涨，上海房地产市场出现异常景气现象，房地产企业利润率迅速增加，许多企业抓住了这个千载难逢的机遇，房地产行业已成为公认的暴利行业。而浦东金桥则更得益于其优越的地理位置，分享房地产业的暴利蛋糕。

在 2003 年浦东金桥财务报表上显示：

房地产销售收入比上年减少 24.73%，而毛利率则由上一年的 30.42% 猛增到 50.78%，如果成本中再减去因会计政策变更而多增的 2 561 万元，实际毛利率将达到 57.48%。

在这种情况下，浦东金桥变更会计政策，其潜在的意图是不言而喻的：平滑利润。

此外，还应注意的是：2003 年浦东金桥变更了会计估计，公司原出租开发产品规定的摊销年限为 10～20 年，“现为更合理体现收入与成本配比原则及谨慎原则，在原规定摊销年限内缩短了个别类别房屋的摊销年限”。但公司并未提供任何证据表明出租房的摊销年限比原来预计的要短。

对此，只需比较同行业的上市公司情况便可知其合理与否：

房地产上市公司	金融街	陆家嘴	万科	浦东金桥
折旧年限	45 年	30 年	12.5～25 年	10～20 年

可见，浦东金桥的摊销年限本已算短，这项会计变更对 2003 年的利润影响是 1 084 万元。

通过改变成本核算方法及变更会计估计，可以使得公司的账面利润被人为压低，这对公司有两方面好处：

第一，有助于公司稳定利润。在房地产市场高涨的时候，将难以辨认或难以分摊的费用性成本计入主营业务成本，人为压低利润，隐藏资产；而当房地产市场不景气的时候，再将隐藏的利润释放出来，使公司经营业绩不至于随着房地产市场的起落而大起大落，保持一定的稳定性。

第二，增加成本，压低利润在一定程度上有利于公司规避当期税费，尽管这些税以后随着隐藏利润的释放还是要交的，但在房地产景气的时候，将应该缴税的资金暂时用于公司周转，有利于公司发展，实际上也获取了货币资金的时间价值，即相当于政府的无息贷款。

最后，回顾一下 2008 年以来的国内房地产市场，在国际金融市场动荡、国内经济增速放缓的背景下，国家的宏观调控政策作用开始显现，房地产市场景气回落。房地产市场供给方资金链紧张，需求方则处于明显观望的状态，商品房的交易量大幅度下降，房价上涨幅度得以放缓。

然而，在 2008 年房地产市场普遍不景气的情况下，浦东金桥依然实现了主营业务收入增长 41%的良好业绩，其中主要是房地产销售收入同比增长 197.87%。在 2008 年浦东金桥再次变更了会计估计，“为更公允地反映公司的财务状况和经营成果”，对固定资产的预计净残值由原来的 5%～10%下调为 5%，缩短了个别固定资产的预计使用年限，对投资性房地产预计使用寿命在原规定的年限内延长了个别类别房屋的摊销年限。同时，为“防范经营和财务风险，并考虑货币时间价值对坏账准备计提比例的影响”，相应调高坏账准备的计提比例。但公司并未提供任何证据表明上述会计估计变更的合理性。

上述会计估计变更对 2008 年度净利润的影响是：投资性房地产预计使用寿命变更增加净利润 1 507 万元，固定资产预计净残值、预计使用年限以及坏账准备计提比例变更使得净利润减少 299 万元，变更后的净利润总计增加 1 208 万元，实现当年主营业务收入增长 41%。在 2008 年房地产市场不景气的情况下，减少成本、释放利润，从而达到平滑利润的目的，粉饰了 2008 年的经营业绩。

2009 年 3～4 月份，楼市逐步回暖，房价飞速上涨的同时出现供不应求的现象，在“调结构、稳物价”的大背景下，于 2010 年开始中央政府继续加强房地产调控，“限购”、“限贷”政策全面升级，并且延续至今。

从浦东金桥 2009 年、2010 年利润表可以看出，2009 年主营业务收入减少 25%，同期营业成本减幅达到 40%，大大超过营业收入的减幅；2010 年则是主营业务收入比的增幅远大于营业成本的增幅。2011 年，主营业务成本的增幅比主营业务收入增幅高出 7 个百分点，相应地到了 2012 年，主营业务收入的减幅就小于主营业务成本的减幅。出现这种现象的原因可能是，浦东金桥实施的“将难以辨认或难以分摊的费用性成本计入主营业务成本”的成本核算以及会计估计变更对利润起到了稳定剂作用，收入在当年实现，而相关的成本则可能在以前年度已经分摊掉了，从而达到粉饰经营业绩、稳定利润的目的。

（撰稿：张其秀　沈璐）

案例 17.2　“五粮液”利润高速增长背后

【背景资料】

五粮液集团有限公司（股票代码 000858）前身是 20 世纪 50 年代初 8 家古传酿酒作坊联合组建而成的“中国专卖公司四川省宜宾酒厂”，1959 年正式命名为“宜宾五粮液酒厂”，1998 年改制为“四川省宜宾五粮液集团有限公司”。

五粮液集团有限公司主要经营各档白酒，是中国最高档白酒品牌之一。2011 年，“五粮液”品牌以 586.26 亿元的价值位居“第十七届（2011 年）中国最有价值品牌 100 强榜”第三位，综合排名上升一位，连续 17 年蝉联食品行业榜首，被中国商业联合会评为“全国顾客最佳满意十大品牌”。在整改提高基础上，公司规范运作水平进一步提升，赢得资本市场广泛认同，先后获得“2010 年年度第八届中国财经风云榜十大公益企业”、“2011 年中国主板上市公司最佳董事会（10 强）”、“20 家最受尊敬上市公司”等多项荣誉。

2012 年，公司相继发布了半年报和季报，报表显示，公司 2012 年营业收入和净利润均继续保持着高速的增长。但该高速增长的背后是否完全归功于公司 2012 年销售业绩的增长？本案例将对此作简要分析。

以下是五粮液集团有限公司近几年来利润表和资产负债表的有关数据变动情况（见表 1、表 2、表 3）：

表 1　五粮液集团有限公司 2008～2011 年利润表（部分）　单位：元

报告期	2011 年	2010 年	2009 年	2008 年
一、营业总收入	20 350 594 468.71	15 541 300 510.85	11 129 220 549.61	7 933 068 723.21
其中：营业收入	20 350 594 468.71	15 541 300 510.85	11 129 220 549.61	7 933 068 723.21
二、营业总成本	11 853 596 549.10	9 443 020 432.27	6 561 185 352.73	5 503 519 534.64
其中：营业成本	6 895 411 289.13	4 863 189 610.83	3 860 659 982.32	3 618 072 871.25
营业税金及附加	1 601 644 134.96	1 392 170 702.85	798 585 260.90	565 747 370.87
销售费用	2 069 991 386.15	1 803 233 837.68	1 164 153 836.17	890 832 654.12
管理费用	1 750 685 037.93	1 561 852 181.17	838 973 053.20	588 986 100.30
财务费用	−476 587 420.81	−192 470 846.37	−109 732 181.41	−159 954 267.43
资产减值损失	12 452 121.74	15 044 946.11	8 545 391.55	−165 194.47
加：公允价值变动收益（损失以“—”号填列）	−2 456 298.72	−6 911 424.32	15 521 684.64	

续表

报告期	2011 年	2010 年	2009 年	2008 年
投资收益(损失以"—"号填列)	2 400 112.74	3 377 150.17	3 117 340.01	1 579 121.31
三、营业利润(亏损以"—"号填列)	8 496 941 733.63	6 094 745 804.43	4 586 674 231.53	2 431 128 309.88
加:营业外收入	57 448 935.50	50 741 916.62	20 724 800.29	1 447 926.21
减:营业外支出	54 436 988.79	75 244 790.52	1 810 404.58	33 420 578.86
四、利润总额(亏损以"—"号填列)	8 499 953 680.34	6 070 242 930.53	4 605 588 627.24	2 399 155 657.23
减:所得税费用	2 105 576 465.36	1 508 186 094.93	1 138 920 195.73	569 455 764.68
五、净利润(净亏损以"—"号填列)	6 394 377 214.98	4 562 056 835.60	3 466 668 431.51	829 699 892.55

表 2　　五粮液集团有限公司 2011～2012 第 3 季度比较利润表　　单位:元

报告期	2012 年第 3 季度	2011 年第 3 季度	变动情况
一、营业总收入	6 076 894 029.30	5 053 944 286.99	20%
其中:营业收入	6 076 894 029.30	5 053 944 286.99	20%
二、营业总成本	2 311 516 170.05	3 048 158 773.55	−24%
其中:营业成本	1 223 335 140.87	1 729 454 735.80	−29%
营业税金及附加	432 218 106.85	401 926 423.68	8%
销售费用	389 765 708.61	525 479 175.58	−26%
管理费用	486 281 195.83	438 728 175.76	11%
财务费用	−220 083 982.11	−47 429 737.27	364%
资产减值损失		−161.9	−100%
加:公允价值变动收益(损失以"—"号填列)	−1 003 001.28	−2 833 121.28	−65%
投资收益(损失以"—"号填列)	67 298.40	152 026.44	−56%
三、营业利润(亏损以"—"号填列)	3 764 442 156.37	2 003 104 580.50	88%
加:营业外收入	12 359 946.35	20 489 464.52	−40%
减:营业外支出	15 728 881.64	26 560 893.37	−41%
四、利润总额(亏损以"—"号填列)	3 761 073 221.08	1 997 033 151.65	88%
减:所得税费用	888 831 422.28	486 563 968.59	83%
五、净利润(净亏损以"—"号填列)	2 872 241 798.80	1 510 469 183.06	90%

表 3　五粮液集团有限公司近几年"预收款项"科目变动情况表

时间	预收款项(元)
2012 年 9 月 31 日	6 510 647 051.40
2012 年 6 月 30 日	7 479 837 557.59
2012 年 3 月 31 日	7 790 285 617.72
2011 年 12 月 31 日	9 047 172 727.93
2010 年 12 月 31 日	7 107 610 071.86
2009 年 12 月 31 日	4 376 268 193.67
2008 年 12 月 31 日	1 052 920 496.85
2007 年 12 月 31 日	711 587 261.15

【问题思考】

1.结合该公司近几年的年报资料,关注其利润变化情况,并分析可能的原因。

2.你认为企业的"预收账款"变动对公司业绩有何影响?

3.查阅三家酒类上市公司报表,进行盈利状况比较分析。

【准则依据】

1.《企业会计准则——基本准则》。

2.《企业会计准则第 30 号——财务报表列报》。

【参考提示】

在对上市公司进行盈利能力评价时,一定要结合当前国家宏观经济形势与政策,公司所处的行业背景与市场情况及整个行业的未来发展趋势,进行综合全面的分析。

【分析点评】

五粮液集团有限公司 2012 年第 3 季度报表显示,报告期内,公司实现营业总收入 60.77 亿元,同比增长 20%。净利润实现 28.72 亿元,同比大涨 90%。至此,公司 2012 年前 3 季度净利润累计已经达 81.13 亿元,比 2011 年全年 63.94 亿元的净利润还要多出 26.88%,全年业绩再次高增长已无悬念。

对于公司业绩超预期的表现,五粮液集团有限公司表示,前 3 季度营业收入增长,主要是公司产品销量增加和 2011 年产品提价在 2012 年度体现等因素引起。由于收入大幅增加,所以抵减成本费用后的净利润大涨。

2011 年 9 月,五粮液集团有限公司对产品提价 30%左右,由于发货周期等原因,提价效应主要在 2012 年第 2 季度以后显现出来。此外,2012 年 7 月和 8 月五粮液集团有限公司对产品价格进行了两次调整,因此产品调价是公司净利润涨幅接近翻番的直接原因。

此外，随着五粮液销售规模的扩大，公司规模效应显现，营业成本和销售费用等同比大幅下降也是公司净利润大幅增长的又一个原因。报告显示，2012 年第 3 季度，五粮液集团有限公司在营业收入增长的同时，营业成本却同比下降了 29%；同时，在规模效应下销售费用率持续下降，2012 年第 3 季度公司销售费用同比下降 1.35 亿元，降幅为 26%，而财务费用随着利息的增加带来了 1.73 亿元的收入，并且管理费用基本保持稳定。营业成本和期间费用的双双下降带来了五粮液集团有限公司净利润的高速增长。

但是，我们查阅五粮液集团有限公司近几年的资产负债表可以发现一个奇特的现象：公司自 2009 年开始预收账款持续大幅增加，直到 2012 年预收账款又呈现下降趋势。预收账款的变动对公司的营业收入以及净利润又有着怎样的影响呢？

由于我国企业实行权责发生制的会计政策，预收款项在收到当期并不作为收入计量，而是计入流动负债进行处理。因此，预收款项往往作为调节利润的重要手段。

提价以及 2012 年中央颁布的“禁酒令”是白酒企业释放预收款项用以保持利润增长的好时机。由于提价原因，预计对渠道欠货周期缩短及预收款项释放使提价效应完全显现，促成公司盈利持续高增长。2012 年第 3 季度五粮液集团有限公司释放以前年度预收款项 9.69 亿元，占其第 3 季度营业收入的 15.95%，如果没有预收款项的释放作用，五粮液集团有限公司第 3 季度营业收入只有 51.08 亿元，与 2011 年第 3 季度的 50.54 亿元相比，基本没有增长，公司的净利润增长也将大打折扣。

（撰稿：张其秀、程琰）

第十八章　偿债能力综合分析

案例 18.1　偿债能力的评价依据

【背景资料】

赵胜不久前被提升为罗杰银行的一名贷款经理，他的部门经理给了他一份安稳公司交来的贷款申请，以及该公司最近两年的财务报表（见表 1、表 2）。安稳公司是一家安全头盔生产企业，它向罗杰银行申请一笔 120 万元的 5 年期贷款。

表 1　　安稳公司资产负债表（摘要）　　单位：元

	当年	上年
资产		
现金	384 000.00	504 000.00
短期投资	—	120 000.00
应收账款净额	1 080 000.00	720 000.00
存货	1 560 000.00	960 000.00
待摊费用	96 000.00	72 000.00
流动资产小计	3 120 000.00	2 376 000.00
固定资产净值	3 720 000.00	3 576 000.00
总资产	6 840 000.00	5 952 000.00
负债及所有者权益		
流动负债	1 560 000.00	1 104 000.00
长期应付票据，10％	1 440 000.00	1 200 000.00
负债合计	3 000 000.00	2 304 000.00
所有者权益		
优先股，8％，面值 12 元	720 000.00	720 000.00
普通股，面值 32 元	2 400 000.00	2 400 000.00
未分配利润	720 000.00	528 000.00
负债及所有者权益合计	6 840 000.00	5 952 000.00

注：上年年初应收账款：624 000.00 元；上年年初存货：768 000.00 元；上年年初总资产：5 184 000.00 元；上年年初所有者权益：3 619 200.00 元。在过去的两年中，优先股和普通股均未发生变化。

表 2　　安稳公司利润及利润分配表(摘要)　　单位:元

	当年	上年
销售收入(均为赊销)	6 300 000.00	4 992 000.00
销货成本	5 040 000.00	3 960 000.00
销售毛利	1 260 000.00	1 032 000.00
销售及管理费用	636 000.00	624 000.00
财务费用	144 000.00	120 000.00
利润总额	480 000.00	288 000.00
所得税(30%)	144 000.00	86 400.00
净利润	336 000.00	201 600.00
年初未分配利润	528 000.00	427 200.00
可供分配的利润	864 000.00	628 800.00
股利分配:		
优先股股利	57 600.00	57 600.00
普通股股利	86 400.00	43 200.00
未分配利润	720 000.00	528 000.00

一年前新上任的安稳公司的总经理陈娜在申请中强调说,尽管安稳公司以前的经营业绩不很稳定,但就在过去的一年中它已经开始步入上升的通道,当年的销售收入比上年有了25%的大幅增长,且普通股的当前售价已从上年的16元升至28.8元。这120万元贷款将用来购置一套先进的生产线。陈娜认为安稳公司在她的领导下,并如果成功申请到贷款购入该先进生产线,安稳公司将实现更大的盈利。陈娜在业界享有良好的信誉,被公认为是"优秀经理人"。

在对安稳公司的财务数据做具体分析前,赵胜先收集了安稳公司所在行业的相关平均财务指标。列示如下:

流动比率	2.3
速动比率	1.2
应收账款周转天数	30 天
存货周转天数	60 天
总资产回报率	9.5%
资产负债率	39%
利息保障倍数	5.7

市盈率　　10

赵胜的部门经理要求赵胜向他提交一份贷款申请审核报告。

【问题思考】

1. 如何正确评价一家企业的偿债能力才能避免信用风险？

2. 你认为赵胜的审核报告应当怎么写？建议批准还是拒绝安稳公司的贷款申请？

【准则依据】

1.《企业会计准则——基本准则》。

2.《企业会计准则第 30 号——财务报表列报》。

【参考提示】

可从以下几方面着手：

1. 分析安稳公司的收益能力。考察毛利率、总资产回报率、普通股股东权益收益率等指标。

2. 分析安稳公司普通股股东的收益状况。考察普通股每股收益、普通股股利收益率、普通股股利发放率、普通股每股净资产、市盈率等指标。

3. 短期及长期偿债能力。考察营运资金、流动比率、速动比率、应收账款周转天数、存货周转天数、资产负债率及利息保障倍数等指标。

4. 根据对相关财务指标的分析，最终给出批准或拒绝安稳公司贷款申请的建议。

（撰稿：杨蒙莺）

案例 18.2　S＊ST 美雅过度负债的恶果

【背景资料】

S＊ST 美雅全称为广东省美雅集团股份有限公司。1983 年，美雅公司生产出我国第一张拉舍尔毛毯；1991 年，“美雅牌”拉舍尔毛毯获国家优质产品金质奖，成为亚洲最大的单一毛毯生产企业，连续多年保持产销量和出口量第一。1993 年美雅股票在深圳证券交易所上市。“美雅牌”拉舍尔毛毯的国内市场占有率曾经达到 40％以上，一度成为我国毛毯业的龙头企业。在上市初期，曾与美的电器、佛山照明一起，号称“两美一照”，名震资本市场。

自 1993 年上市以来，美雅公司分别于 1993 年、1995 年、1996 年和 1998 年四次募集资金，金额总计 11.47 亿元。

然而，到了 2005 年，美雅公司的净资产已为－4.72 亿元。经营业绩持续恶化，资金周转困难，陷入停产又停牌的困境，一下子濒临退市的边缘，被冠以 S＊ST 美雅，即变为具有退市风险警示的其他特别处理股票。

该公司股票于2006年5月15日被迫暂停上市。

下面是S＊ST美雅停牌之前历年的主要财务状况数据(见表1)。

表1 S＊ST美雅历年主营业务收入和净利润 单位:元

时间	主营业务收入	净利润
1992年	405 198 189.00	29 259 450.00
1993年	818 439 843.57	116 196 254.87
1994年	721 172 964.27	143 770 371.78
1995年	936 403 083.93	145 984 146.84
1996年	966 899 398.22	158 189 499.76
1997年	876 063 868.33	163 071 344.47
1998年	880 410 994.00	84 769 513.58
1999年	892 403 863.60	−298 484 942.42
2000年	704 060 791.37	6 782 765.95
2001年	508 008 002.77	−320 837 560.25
2002年	457 512 259.93	−848 210 038.80
2003年	446 845 994.07	−217 790 740.49
2004年	337 375 983.95	−182 273 592.55
2005年	307 188 687.00	−309 123 942.00

综观S＊ST美雅的财务历史可见:早在1998年S＊ST美雅已开始显现出业绩恶化的苗头,这一年美雅的净利润比上年下降50%。此后,除2000年盈利678万元以外,美雅一直亏损,2002年净亏损达8.5亿元,2003年和2004年净亏损额均在2亿元左右。2005年,美雅仍然亏损3.09亿元。

出现这种恶性利润下滑的根源到底在哪里呢?

下面再看一下S＊ST美雅停牌之前历年的资产负债与借款情况及经营活动产生的现金流量情况(见表2)。

表2 S＊ST美雅历年的资产负债及借款情况 单位:元

报告期	资产总计	负债总计	借款	借款/资产总额	经营活动产生的现金流量净额	财务费用
1993年	1 345 179 879	571 921 829	277 724 832	0.21		−16 325 090
1994年	1 574 423 405	623 540 017	363 077 145	0.23		−12 128 304
1995年	1 886 838 991	714 888 581	445 090 390	0.24		2 452 281
1996年	2 306 127 402	1 032 791 961	533 795 542	0.23		12 864 048
1997年	2 752 052 750	1 078 053 747	651 111 935	0.24		25 649 075

续表

报告期	资产总计	负债总计	借款	借款/资产总额	经营活动产生的现金流量净额	财务费用
1998 年	3 032 345 929	942 646 749	735 847 040	0.24	−48 577 847	37 996 370
1999 年	2 822 499 969	1 120 226 519	910 996 978	0.32	−90 745 448	73 770 566
2000 年	2 746 059 721	1 088 679 317	940 106 050	0.34	−122 050 844	61 163 499
2001 年	2 336 168 163	1 063 641 427	859 683 320	0.37	137 801 207	54 336 540
2002 年	1 515 275 608	1 118 481 435	900 100 000	0.59	−11 923 134	59 821 768
2003 年	1 459 139 490	1 056 473 993	836 100 000	0.57	85 269 892	55 974 050
2004 年	1 222 560 203	1 247 774 765	731 600 000	0.60	−76 034 373	65 599 677
2005 年	793 851 213	1 266 833 364	731 600 000	0.92	−7 767 624	71 798 455

由上列数据可知：

S＊ST 美雅的借款占资产总额的比例从 1998 年的 24%上升到 2004 年的 60%，2005 年达到 92%；1993 年美雅借款总额为 2.8 亿元，2000 年借款总额达到 9.4 亿元，2005 年为 7.3 亿元；公司的财务费用也因此随之增加，2005 年达到 7 179 万元。

值得注意的是：从 1998 年开始要求披露上市公司的现金流量信息以来，美雅公司的经营活动产生的净现金流量却随负债的增加而逐年减少。

2007 年年底，广东广弘介入重组，以每股 1 元，总价 1.17 亿元接手 S＊ST 美雅 29.68%的股份，公司历经波折的厄运至此似乎才有终结的迹象。

然而，广东广弘接手时 S＊ST 美雅已经千疮百孔，积重难返，这次重组并未使该公司起死回生。从 2001 年算起，S＊ST 美雅已经连续 7 年亏损。为争取恢复上市，公司在 2006 年和 2007 年分别依靠土地出让收益和当地政府 9 000 万元财政补贴，勉强获得 574 万元和 486.52 万元利润。但在 2008 年上半年公司又继续保持亏损，如果不进行彻底重组，2008 年亏损又已成定局。公司的主营业务收入由 2000 年的 7 亿元迅速下降到 2007 年的 1.89 亿元。

下面是 S＊ST 美雅 2007 年年报的主要财务报表数据（见表 3、表 4、表 5）。

表 3　　美雅资产负债表（摘要）　　单位：元

报告期	2007 年 12 月 31 日
货币资金	5 875 550.08
应收账款净额	15 881 198.78
其他应收款净额	10 596 695.30

续表

报告期	2007 年 12 月 31 日
应收款项净额	26 477 894.08
预付账款	1 575 640.85
存货净额	97 357 713.78
流动资产合计	131 286 798.79
长期股权投资	1 572 406.84
长期投资净额	11 647 506.84
固定资产净额	331 872 789.60
固定资产合计	331 872 789.60
资产总计	484 807 095.23
短期借款	520 748 175.05
应付账款	15 273 087.53
预收账款	6 822 316.72
应付工资	7 720 590.37
应交税金	—3 192 820.50
其他应付款	250 140 088.15
流动负债合计	937 874 161.90
递延税项贷项	2 326 275.00
负债合计	940 200 436.90
股本	396 515 872.00
股本净额	396 515 872.00
资本公积金	57 546 659.56
盈余公积金	37 848 720.91
未分配利润	—947 304 594.14
股东权益合计	—455 393 341.67
负债及股东权益总计	484 807 095.23

表 4 美雅利润表(局部) 单位:元

报告期	2007 年 12 月 31 日
一、主营业务收入	189 975 973.22
主营业务收入净额	189 975 973.22
主营业务成本	173 178 035.87
主营业务税金及附加	254 953.38
二、主营业务利润	16 542 983.97
营业费用	10 764 278.28
管理费用	27 606 875.36
财务费用	61 439 762.53
三、营业利润	−92 665 578.32
投资收益	−1 037 183.64
营业外收入	102 827 231.44
营业外支出	4 259 270.48
营业外收支净额	98 567 960.96
四、利润总额	4 865 199.00
五、净利润	4 865 199.00

表 5 美雅现金流量表(局部) 单位:元

报告期	2007 年 12 月 31 日
一、经营活动产生的现金流量	
销售商品、提供劳务收到的现金	194 519 976.25
收到的其他与经营活动有关的现金	137 719 528.95
经营活动现金流入小计	335 593 957.53
购买商品接受劳务支付的现金	176 894 758.67
支付给职工以及为职工支付的现金	32 195 953.26
支付的各项税费	7 558 413.08
支付的其他与经营活动有关的现金	36 465 475.26
经营活动现金流出小计	253 114 600.27
经营活动产生的现金流量净额	82 479 357.26

截至2008年5月31日，美雅公司账面资产总额为4.9亿元，负债高达9.8亿元，净资产为－4.9亿元，严重资不抵债，真令人难以想象。

一家曾经的行业龙头和中国股市老牌绩优的公司，上市15年来，何以将投资者的血汗钱损失殆尽？美雅公司为何发展到如此地步？究竟是什么原因导致这家公司走入绝境？

美雅公司期待着再一次的重组，以求得新生。

2008年9月3日S＊ST美雅正式披露了公司股改方案及一揽子资产重组方案。

2008年12月19日，S＊ST美雅收到了中国证监会《关于核准广东美雅集团股份有限公司重大资产重组及向广东省广弘资产经营有限公司发行股份购买资产》的批复，该公司重大资产重组获得中国证监会核准。此次重组能否给美雅带来生机，投资者正拭目以待。

这是一个企业过度负债的典型案例。

【问题思考】

1. 根据上述资料，分析S＊ST美雅的过度负债融资对经营业绩及财务状况带来的影响。

2. 分析该公司2007年的报表，关注其变化，并分析可能的原因。

3. 比较负债融资和股权融资的两种不同融资方式的优劣，如果你是管理者会选择哪种融资方式？

4. 跟踪美雅公司2008年重组后的财务状况，并分析其变化趋势。

【准则依据】

1.《企业会计准则——基本准则》。

2.《企业会计准则第30号——财务报表列报》。

【参考提示】

在对上市公司进行偿债能力分析评价时，比较适合采用趋势分析法，即把该公司历年的财务资料列在一起进行比较分析，包括资产负债状况、利润指标及现金流量数据。此外，还应列出其债务分布状况，以及发生的相关利息费用（财务费用），年份数列得越长越好，再通过对各年指标的比率法分析，以便能从中看出事物发展变化过程，并从中找到问题的根源所在。

【分析点评】

1. 根据上述的资料，自1998年以来，除了2001年和2003年外，S＊ST美雅的经营活动产生的现金流量净额均为负值，企业扩大生产经营规模的资金要么来自于企业吸收资本，要么来自于融资，但要回笼这些资金，只有靠新增生产设备充分开工，产品销售顺利，企业才能有正常的运营资金来源。

（1）S＊ST美雅公司自1998年以来，主营业务收入基本上呈下降趋势，2004年仅为

1998年的38%，经营活动产生的现金流量净额大多年份为负值，企业的现金流量缺口会越来越大，同时对外借款逐年提升，2004年资产负债率达到102%，极易由于资金链断裂而导致财务危机。偿还借款本息的现金主要来自外部融资，或借新还旧，公司的债务负担越滚越大，越来越依赖借款维持公司的生产经营活动。一旦宏观政策银根收紧，或者微观上银行紧缩贷款，美雅的生产经营将立即受到严重影响。

(2)财务费用占主营业务收入比例也逐年上升，从1998年的8.4%上升到2005年的23.37%，成为美雅公司经营业绩恶化的重要原因。从2001年开始，持续大额度亏损。

(3)大量的借款一定程度上会放松企业资金管理，譬如对应收账款管理等营运资金的管理，往往是现金流困难时轻易增加借款而不注重内外部资金潜力的挖掘。

(4)在利润率大大低于银行利息的前提下，理论上公司只有在满足投资者要求的必要收益率大于融资成本率的情况下才能去融资。显然，美雅这样的做法只能加剧经营业绩的恶化。

(5)过高的资产负债率，公司财务情况的恶化可能影响企业市场的开拓，合作者往往会担心财务风险而更加谨慎，也同样影响营业的经营业绩。

2. 从S*ST美雅2007年年报可知：公司总资产为484 807 095.23元，负债总计为940 200 436.90元，其中流动负债为937 874 161.90元，资产负债率高达193.93%，而且流动比率只有0.14，远远低于流动比率为1的安全警界线，而净资产则为−455 393 341.67元。

由此可见，公司财务状况持续恶化，资产负债率继续大幅度提高，由于还债压力过大，导致现金及现金等价物净增加额为−13 926 740.95元。从该公司长期以来的过度负债情况来看，造成目前这种恶果的可能原因是：

(1)大量的短期借款到期，2007年年报显示偿还112 516 000元，同时筹集的资金仅为14 600 000元。

(2)主营业务收入下降，影响了经营利润，并造成与融资之间的恶性循环。

(3)由于财务状况与经营状况均不理想，投资方面增加投入可能性也极小。

3. 负债融资和股权融资，是企业可选择的不同融资方式。股权融资是指资金不通过金融中介机构，借助股票这一载体直接从资金盈余部门流向资金短缺部门，资金供给者作为所有者(股东)享有对企业控制权的融资方式。其特点是：

(1)长期性。股权融资筹措的资金具有永久性，无到期日，无需归还。

(2)不可逆性。企业采用股权融资无需还本，投资人欲收回本金，需借助于流通市场。

(3)无负担性。股权融资没有固定的股利负担，股利的支付与否和支付多少视公司的经营需要而定。

债权融资是有偿使用企业外部资金的一种融资方式。其特点是：

(1)债权融资获得的只是资金的使用权而不是所有权，负债资金的使用是有成本的，企业必须支付利息，并且债务到期时须归还本金。

(2)债权融资能够提高企业所有权资金的资金回报率，具有财务杠杆作用。

(3)与股权融资相比，债权融资除在一些特定的情况下可能带来债权人对企业的控制和干预问题，一般不会产生对企业的控制权问题。

债权融资所获得的资金，企业首先要承担资金的利息，另外在借款到期后要向债券人偿还资金的本金。股权融资所获得的资金，企业无须还本付息，但新股东将与老股东同样分享企业的盈利与增长。

由于两者具有不同的性质与特点，各有利弊，很难说何者更好。因此，作为企业的管理者，只有选择更适合本企业具体情况的融资方式才是最明智的。

4. 2009 年初，S＊ST 美雅股权分置改革方案已实施完成。自 2009 年 1 月 20 日起，公司股票简称由“S＊ST 美雅”变更为“＊ST 美雅”，以下是美雅公司 2008～2012 年的有关财务资料(见表 6)：

表 6　S＊ST 美雅 2008～2012 年主营业务收入和净利润　单位:元

时　间	主营业务收入	净利润
2008 年	165 146 331.5	337 582 440.5
2009 年	1 087 794 431	58 809 818.07
2010 年	1 236 563 041	60 346 156.8
2011 年	1 387 751 950	70 112 750.08
2012 年	1 569 326 008	61 719 262.95

值得注意的是，S＊ST 美雅业绩实现如此巨幅的增长并不是因为其经营利润的大幅增长。S＊ST 美雅公告称，公司 2008 年度的利润主要来源于债务重组以及重大资产出售等不具备连续性的一次性非经常性收益。2008 年度公司通过债务重组实现收益约 1.9 亿元，通过重大资产出售实现收益约 2.5 亿元，基于此，公司 2008 年全年业绩大幅盈利。而根据财务部的相关要求，公司接受大股东赠送的 9 000 万元现金以及 21 919 万元的债务豁免将计入所有者权益(资本公积)，不作为 2008 年度收益。

表 7　S＊ST 美雅 2008～2012 年的资产负债及借款情况　单位:元

报告期	资产总计	负债总计	借款	借款/资产总额	经营活动产生的现金流量净额	财务费用
2008 年	1 016 391 515	418 648 653.9	110 000 000	0.11	−5 364 517.38	61 056 110.82
2009 年	931 334 130	275 131 450.7	0	0	71 723 392.46	−3 436 187.89
2010 年	993 005 835.2	276 681 559.1	10 000 000	0.01	57 078 009.76	−3 248 049

续表

报告期	资产总计	负债总计	借款	借款/资产总额	经营活动产生的现金流量净额	财务费用
2011 年	1 107 274 908	323 287 881.5	0	0	118 942 426.2	−5 544 444.82
2012 年	1 205 489 865	359 783 575.5	0	0	55 572 334.89	−8 168 052.1

吸取了之前过度负债的恶果之后，从表 7 可以看出，美雅公司借款数额在 2009 年、2011 年和 2012 年均为 0，2010 年借款占资产总额比例较 2008 年借款占资产总额比例下降了 90.91%。经营活动产生的现金流量净额也自 2009 年开始转正，其中 2011 年经营活动产生的现金流量净额达到 118 942 426.2 元。财务费用也因此基本逐年降低，2012 年较 2008 年财务费用减少了 113%。

上述重大变化主要源于美雅公司的一系列重组，而重组背后的原因更值得深思。

（撰稿：张其秀、沈培培）

案例 18.3　S＊ST 中华的多次债务重组

【背景资料】

深圳中华自行车公司系中外合资企业，1985 年建成，1988 年更名为深圳中华自行车（集团）有限公司，1992 年在深圳证券交易所上市。公司主要产品是中高档自行车，产品多数出口美欧市场。自有品牌“阿米尼”（EMMELLE）是国际上流行的著名品牌，在 1993 年北京国际博览会上，名动京华，广受消费者欢迎。公司曾获得荣誉 270 多项。“阿米尼”曾经被中国消费者协会指定为推荐商品。“阿米尼”品牌的自行车和电动自行车在 2003 年被授予“中国自行车、中国电动自行车市场产品质量用户满意第一品牌”。公司产品曾被评为 1995 年世界山地车锦标赛指定产品，建有自己的海外销售网点和机构。公司曾与“飞鸽”、“永久”等知名自行车品牌公司齐名，已成为世界第二大自行车出口制造厂家，并多次被评为全国经济效益最佳企业之一。

自 1992 年上市以来，深圳中华自行车有限公司共募集资金 5.84 亿元。从 2002 年华融入主 S＊ST 中华成为其第一大股东，到 2004 年底聚隆盛与华融签订协议，以华融促成 S＊ST中华债务重组为前提条件，受让华融所持 S＊ST 中华股份，直到 2006 年深圳国晟能源投资公司（以下简称国晟能源）成为第一大股东，S＊ST 中华经历不停的重组。然而，2008 年、2009 年公司连续两年亏损，公司股票于 2010 年 4 月 27 日停牌一天，于 2010 年 4 月 28 日起实施“退市风险警示”特别处理，公司股票简称变更为“＊ST 中华”。

下面是 S＊ST 中华 A 股停牌之前的历年的主要财务状况数据（见表 1）。

表 1 S＊ST 中华 1992～2009 历年主营业务收入和净利润 单位：元

年份	主营业务收入	净利润
1992 年	1 610 472 700.46	148 350 827.66
1993 年	1 744 048 718.89	233 658 213.40
1994 年	1 165 922 958.89	127 458 421.41
1995 年	1 367 400 149.50	51 251 977.30
1996 年	1 027 182 205.59	30 181 430.91
1997 年	318 194 813.06	－280 655 827.67
1998 年	142 892 208.48	－653 558 196.43
1999 年	67 573 101.94	200 102 834.72
2000 年	67 973 081.90	－165 852 661.66
2001 年	51 875 289.37	－2 257 244 249.73
2002 年	71 589 597.70	6 575 352.43
2003 年	99 014 966.38	－32 947 808.38
2004 年	138 192 485.82	－17 230 298.62
2005 年	164 222 481.91	3 738 730.58
2006 年	219 673 260.11	－9 648 015.34
2007 年	234 601 314.71	63 036 241.24
2008 年	274 202 840.48	－44 489 780.00
2009 年	260 908 108.82	－106 160 775.90

纵观 S＊ST 中华的历年财务数据可见，早在 1995 年 S＊ST 中华就已经开始出现业绩恶化的苗头。这一年中华自行车的净利润比上一年降低了 60%，此后基本是隔两年会出现一次盈利，但是基本上都是亏损，1997 年和 1998 年亏损分别为 2 亿元和 6 亿元左右，在 2001 年亏损高达 22 亿元，直到 2009 年仍然亏损 1 亿元。

出现这种恶性利润下滑的根源到底在哪里呢？

下面再看看 S＊ST 中华在停牌之前 2001～2009 年的资产负债与借款情况(见表 2)。

表 2 S＊ST 中华 2001～2009 历年资产负债及借款情况 单位：元

年份	资产总计	负债总计	短期借款	长期借款	借款/资产总额	经营活动产生的现金流量净额	财务费用
2001 年	565 575 098.44	565 575 098.44	478 718 618.59	88 456 386.30	1.003	－8 509 360.67	73 053 496.40

续表

年份	资产总计	负债总计	短期借款	长期借款	借款/资产总额	经营活动产生的现金流量净额	财务费用
2002 年	512 976 884.80	2 498 679 221.93	462 607 176.72	88 456 386.30	1.074	3 901 817.61	21 278 339.22
2003 年	444 849 741.24	2 132 464 080.08	444 519 176.72	88 456 386.30	1.198	−14 022 030.58	3 906 054.19
2004 年	427 572 002.72	2 133 250 021.65	444 347 624.69	88 456 386.30	1.246	−5 815 452.03	2 611 212.69
2005 年	328 877 255.91	2 141 778 927.61	461 055 464.21	87 071 290.71	1.667	22 377 763.45	−8 113 732.19
2006 年	267 021 538.95	2 130 552 050.40	438 825 765.41	—	1.643	−9 953 587.3	−14 465 143.27
2007 年	214 381 530.57	1 998 720 991.25	418 165 449.05	—	1.951	−2 591 980.11	−34 285 597.04
2008 年	190 897 705.53	1 993 553 860.52	399 661 355.35	—	2.094	−14 392 427.25	32 083 564.27
2009 年	169 696 420.47	2 030 710 940.14	395 326 572.82	—	2.330	3 920 586.97	93 466 133.10

由上面的数据可知：S＊ST 中华的借款占资产总额的比例从 2001 年的 100.3%上涨到 2009 年 233%，一直在上升。虽然短期借款加上长期借款的总额是在降低，但到 2009 年借款总额依然接近 4 亿元，公司的财务费用也高达 9 346 万元。巨额的借款负债使 S＊ST 中华不断面临退市的风险警示。

值得注意的是，从 2001 年到 2009 年公司披露的现金流量来看，S＊ST 中华的净现金流量也随着负债的变动相应地变动。

2010 年，鉴于公司 2008 年、2009 年连续两个会计年度审计结果显示的净利润均为负值，根据《深圳证券交易所股票上市规则》等有关规定，公司向深圳证券交易所申请对公司股票进行退市风险警示特别处理，提出对公司进行重组申请。国晟能源在 2006 年成为“＊ST 中华”A 股大股东后，就确立了先股改再债务重组最后资产重组的目标。2010 年 3 月，“＊ST 中华”完成股改，同时，由于公司负债高达 20 多亿元，公司最大股东及债权人国晟能源 2010 年初以公司严重资不抵债、不能清偿到期债务为由，向深圳市中级人民法院提出重整申请，然而，2010 年底，公司的重整申请被深圳市中级人民法院驳回。

2010 年 5 月底，国晟能源将公司 5.98 亿元债权中的 1.5 亿元协议转让给深圳正大国利公司，仅仅 3 个月后，即 2010 年 9 月初，正大国利公司又将这部分债权转移给了深圳市铖兴泰公司。债权转移后没几天，S＊ST 中华便于 2010 年 9 月 14 日与深圳市铖兴泰公司签订了《债务和解意向书》。2010 年 10 月 8 日公司第四次临时股东大会审议通过了《关于与深圳市铖兴泰投资有限公司达成债务和解的议案》，公司于 2010 年 10 月 15 日与铖兴泰公司签订了《债务和解协议》，约定由公司以人民币 1 400 万元对铖兴泰公司进行偿还，以结清双方全部债权债务(约 1.5 亿元人民币)。债务重组使公司获得约 1.36 亿元的债务和解收益。最后 S＊ST 中华在 2010 年的最后一个月前在铖兴泰公司的救济下终于获救，在豁免了 1.36 亿元的债务的情况下解除了亏损警报，避免了暂停上市的危机。

然而，S＊ST 中华并没有因为铖兴泰公司的救济而摆脱亏损的命运，到 2011 年，资产总额1.3亿元，负债总额是18亿元，借款达到了3.6亿元，借款占资本总额搞到277%，严重资不抵债。虽然主营业务收入有所提高，但是还是难以改变走向重组的命运。

下面是S＊ST中华2011年年报的主要财务报表数据(见表3、表4、表5)。

表3 **S＊ST中华资产负债表** 单位：元

报告期	2011年12月31日
流动资产：	
货币资金	24 546 601.39
应收票据	1 000 000.00
应收账款	3 869 919.58
预付款项	1 588 743.08
其他应收款	25 193 546.89
存货	14 310 428.28
流动资产合计	70 509 239.22
非流动资产：	
长期股权投资	2 619 840.50
投资性房地产	22 763 296.78
固定资产	15 262 689.21
无形资产	24 591 565.22
非流动资产合计	65 237 391.71
资产总计	135 746 630.93
流动负债：	
短期借款	359 993 573.29
应付账款	116 792 484.21
预收款项	15 817 538.51
应付职工薪酬	4 093 942.70
应交税费	98 407 104.67
应付利息	207 999 625.50
其他应付款	394 804 850.78
一年内到期的非流动负债	452 026 831.88

续表

报告期	2011年12月31日
其他流动负债	2 437 393.95
流动负债合计	1 652 373 345.49
非流动负债：	
预计负债	166 212 952.92
非流动负债合计	166 212 952.92
负债合计	1 818 586 298.41
所有者权益(或股东权益)：	
实收资本(或股本)	551 347 947.00
资本公积	460 757 567.84
盈余公积	32 673 227.01
未分配利润	−2 727 618 409.33
归属于母公司所有者权益合计	−1 682 839 667.48
所有者权益合计	−1 682 839 667.48
负债和所有者权益总计	135 746 630.93

表4　　S*ST中华利润表(局部)　　单位：元

报告期	2011年12月31日
一、营业总收入：	321 043 570.34
营业收入	321 043 570.34
二、营业总成本：	350 534 243.15
营业成本	297 448 254.06
营业税金及附加	603 970.92
销售费用	7 297 537.55
管理费用	21 836 655.24
财务费用	23 619 043.30
资产减值损失	−271 217.92
投资收益(损失以"—"号填列)	4 560 000.00

续表

报告期	2011 年 12 月 31 日
三、营业利润(亏损以"—"号填列)	—24 930 672.81
加:营业外收入	64 921 817.27
减:营业外支出	270 243.00
四、利润总额(亏损总额以"—"号填列)	39 720 901.46
五、净利润(净亏损以"—"号填列)	39 720 901.46

表 5　　S＊ST 中华现金流量表(局部)　　单位:元

报告期	2011 年 12 月 31 日
一、经营活动产生的现金流量:	
销售商品、提供劳务收到的现金	192 678 564.98
收到其他与经营活动有关的现金	27 021 621.81
经营活动现金流入小计	219 700 186.79
购买商品、接受劳务支付的现金	178 176 217.18
支付给职工以及为职工支付的现金	14 107 936.61
支付的各项税费	8 623 563.12
支付其他与经营活动有关的现金	18 443 562.24
经营活动现金流出小计	219 351 279.15
经营活动产生的现金流量净额	348 907.64

截至 2012 年 12 月 13 日,S＊ST 中华面临 30.88 亿元的债务,但仅有 1.2 亿元的资产,S＊ST 中华已属严重资不抵债,背负着巨额负债,无奈走到了破产重整的边缘,债权人寄希望于重组能最大限度降低损失。

一家曾经的能和"飞鸽"等公司齐名的行业龙头,一家中国股市的老牌公司,上市 20 年来,何以将投资者的钱损失殆尽?何以会只能通过如此多的重组来保留着上市的复牌?深圳中华自行车(集团)有限公司为何会发展到如此的地步?究竟什么原因导致这家公司走入绝境?

背负着高额的负债,过度负债把这个公司一次次拖入绝境的边缘,S＊ST 中华只能期待着再一次的重组,以求得新的救济。

【问题思考】

1.根据上述资料，分析S＊ST中华高负债问题对经营业绩及财务状况带来的影响。

2.追踪该公司2011年的报表，关注其多次债务重组后的财务状况，并分析其原因。

【准则依据】

1.《企业会计准则——基本准则》。

2.《企业会计准则第30号——财务报表列报》。

【分析点评】

1.根据上述资料，自从2001年以来，S＊ST中华的经营活动产生的现金流量总是起伏不定的，大部分年份都是负值，企业扩大生产经营规模的资金要么来自于企业吸收资本，要么来自于融资，但要回笼这些资金，只有靠新增生产设备充分开工，产品销售顺利，企业才能有正常的运营资金来源。

(1)S＊ST中华从1992年上市以来，主营业务收入基本呈下降趋势，直到2001年后才慢慢开始好转。但是公司的净利润却是每一年起伏很大，一直处于不稳定状态，只能通过不停重组获得营业外收入才能将净利润转正。经营活动产生的现金流量大多数年份为负值，企业的现金流量缺口会越来越大，同时对外的借款占总资产比例逐年上升，2009年竟然达到了233%，极易由于资金链断裂导致财务危机。偿还借款本息的现金主要来自于外部融资或借新还旧，公司的债务负担越滚越大，越来越依赖借款来维持公司的生产经营活动，一旦宏观政策银根收紧，或者微观上银行紧缩贷款，中华自行车公司的生产经营将立即受到严重影响。

(2)财务费用从2001年开始逐年减少，主要是通过汇兑损益来降低财务费用，但是到了2008年和2009年，财务费用大幅度上升，从2007年的负3 000万元，上升到2009年的9 000万元，也成为中华自行车公司经营业绩恶化的原因，2009年净利润亏损1亿元。

(3)大量的借款一定程度上会放松企业的资金管理，譬如对应收账款管理等营运资金的管理，往往是现金流困难时轻易增加借款而不注重内外部资金潜力的挖掘。

(4)在利润率大大低于银行利息的前提下，理论上公司只有满足投资者要求的必要收益率大于融资成本率的情况下才能去融资。显然，中华自行车公司这样的做法只能加剧经营业绩的恶化。

(5)过高的资产负债率，公司的财务情况的恶化可能影响企业市场的开拓，合作者往往只担心财务风险而更加谨慎，也同样影响营业的经营业绩。

2.从S＊ST中华2011年的年报可知，公司的总资产为135 746 630.93元，负债总计为1 818 586 298.41元，其中流动负债为1 652 373 345.49元，资产负债率高达1 339%；而且流动比率只有0.042，远远低于流动比率为1的安全警戒线，而净资产则为－1 682 839 667.48元。

由此可见公司的财务状况非常之糟糕，资产负债率高达 1 339%，令人难以想象，还债压力巨大。该公司长期以来的过度负债造成的恶果是：

(1)大量的借款，还款期的到来压力巨大，财务状况恶化。

(2)营业利润为－24 930 672.81 元，通过营业外收入勉强暂时支撑，经营状况也不好，投资方增加投入的可能性也极小。

（撰稿：罗秋宇）

案例 18.4　ST 星美债务重组后的逆转

【背景资料】

星美联合股份有限公司(股票代码：000892，简称星美联合)，1997 年注册成立并于 1999 年在深圳证券交易所上市。在 2000 年 6 月完成大比例资产重组之后，星美联合已由机械配件行业为主业转型为电信及信息产业为主营业务的上市公司。公司目前是一家区域性多媒体通信运营商。公司经营范围包括：通信产业投资、通信设备制造、通信工程及技术咨询、电信增值业务、机械产业投资及设备制造、货物和技术进出口业务。

自 1999 年上市以来，星美联合财务状况每况愈下，在 2005 年和 2006 年两年间更是连续亏损，戴上了特殊处理的帽子(ST 星美)，会计师事务所也发表拒绝表示意见的审计报告。2007 年，新世界地产有意借星美联合之"壳"，进军 A 股市场和国内地产，其子公司上海鑫以实业有限公司和重庆城奥企业管理咨询有限公司对星美联合进行大刀阔斧的债务重组，而星美联合通过债务重组的方式成功甩掉了巨额债务，并在 2012 年依靠下属子公司业务实现盈利并"脱星摘帽"。以下是星美联合最近 10 年的财务状况数据(见表 1)。

表 1　ST 星美历年主营业务收入和净利润　单位：元

时　间	主营业务收入	净利润
2002 年	532 764 009.35	86 656 073.15
2003 年	986 575 818.13	99 597 702.18
2004 年	671 657 799.97	3 435 912.07
2005 年	66 224 227.32	－505 886 317.21
2006 年	33 940 110.52	－794 441 501.91
2007 年	170 979.44	4 155 779.56
2008 年	11 045.39	1 202 140 986.46
2009 年	0	－4 406 317.89

续表

时　间	主营业务收入	净利润
2010 年	552 010	−3 101 647.07
2011 年	17 882 349.8	630 824.93
2012 年	11 655 383.36	562 951.78

ST 星美设立后，在生产经营过程中曾陆续向多家商业银行、企业大笔举债，债务负担十分沉重，同时，公司还为其他企业贷款提供了大量担保。因经营不善，公司发生巨额亏损，无力偿付到期债务，且公司全部有效资产已被抵押、查封和冻结，生产经营全部停止，丧失了自我挽救的能力。2006 年底，ST 星美集中计提坏账准备 6.61 亿元、固定资产减值准备 5.17 亿元，同时核销长期股权投资差额 2.91 亿元，直接冲抵债权债务 1.36 亿元。由于 2005 年、2006 年连续两个会计年度亏损，ST 星美自 2007 年 5 月 8 日起被实行退市风险警示特别处理。

截至 2007 年 12 月 31 日，公司所有者权益为−1 185 511 232.70 元，公司已处于严重资不抵债状态。因无法清偿到期债务，债权人申请对星美联合进行重组。以下是星美联合在重组当年的部分资产负债表数据(见表 2)。

表 2　　ST 星美 2008 年资产负债表(部分)　　单位:元

	期末数		期初数	
	合并数	母公司数	合并数	母公司数
流动资产合计	51 133.68	51 133.68	125 898 921.60	574 194 149.62
非流动资产合计	—	—	347 868 580.40	322 242 799.25
资产合计	51 133.68	51 133.68	473 767 502.00	896 436 948.87
流动负债合计	7 297 684.75	7 297 684.75	1 656 278 785.70	1 337 165 616.87
非流动负债合计	—	—	3 000 000.00	3 000 000.00
负债合计	7 297 684.75	7 297 684.75	1 659 278 785.70	1 340 165 616.87
所有者权益合计	−7 246 571.07	−7 246 571.07	−1 185 511 283.70	−443 728 668.00
负债和所有者权益合计	51 133.68	51 113.68	473 767 502.00	896 436 948.87

星美联合重组完成后，除了星美实际清偿的债务和被豁免负债之外，星美联合对债权人未获清偿部分的负债将全部转移至重庆城奥，星美对债权人未获清偿部分的债权不再承担清偿责任，星美成为无资产、无负债的净壳公司。

2009 年起，星美联合的主营业务收入虽然每年递增，2012 年依靠下属子公司业务实现赢利并“脱星摘帽”，但公司没有主营业务，“生存”仍然是摆在公司面前的最大问题。

【问题思考】

1.根据上述资料，分析债务重组对公司报表的影响。重组之后企业的盈利能力是否增强？请说明理由。

2.本案例中星美公司通过债务重组变成了一个“净壳”，而新世界地产借壳上市，请分析重组对于上市公司的意义以及借壳上市的利与弊。

【准则依据】

1.《企业会计准则——基本准则》。

2.《企业会计准则 12 号——债务重组》。

【参考提示】

债务重组，指债权人按照其与债务人达成的协议或法院的裁决同意债务人修改债务条件的事项。借壳上市是指一家私人公司通过把资产注入一家市值较低的已上市公司，得到该公司一定程度的控股权，利用其上市公司地位，使母公司的资产得以上市。

【分析点评】

1.债务重组业务会导致财务报表发生巨大变化。首先，剥离了所有的非流动资产，而且仅剩下极少数的流动资产；其次，处理了全部的非流动负债，流动负债也由起初的 16 亿元缩减到期末的 700 万元。这就剥离了企业原有的绝大部分资产和负债，使企业变成了一个实质上的“空壳”，同时也使企业完全改变了巨额亏损的尴尬境地。

但这并不意味着企业盈利能力的增强。企业通过债务重组取得的收益计入“营业务收入——债务重组利得”。利得是指由企业非日常活动所形成的、会导致所有者权益增加的、与所有者投入资本无关的经济利益的流入。而盈利能力就是公司赚取利润的能力。虽然 2008 年通过债务重组取得重大收益，但公司的营业利润却没有增加，所以这也并不意味着企业的盈利能力增强。

2.截至 2012 年，国内已有 10 余家上市公司先后成功完成了重组，重组程序的出现及运用，使得那些因经营不善而陷入债务危机的公司获得从头开始的机会，尤其对于上市公司而言，不仅使得公司重获新生，对于债权人及股东的利益也达到了最大程度的保护。此外，对于保证职工就业和稳定地方经济也起到了非常重要的作用。重整作为最为有效的化解企业债务危机的途径之一，被越来越多地运用到上市公司的债务重组之中，同时，也是目前企业并购中最常用来解决被并购目标公司自身债务负担的方法。

借壳上市是指母公司通过将主要资产注入上市的子公司中，来实现母公司的上市。母公司通过对加强对子公司的经营管理，改善经营业绩推动子公司的业绩与股价上升，使子公司获取配股权或发行新股募集资金的资格，然后通过配股或发行新股募集资金，扩大经营，最终实现母公司的长期发展目标和企业资源的优化配置。

很多企业选择借壳上市主要的原因是为了规避IPO的风险及复杂流程。这主要有以下几方面：

第一，IPO要求企业的设立与演变过程清晰，业务始终专注于某一主营业务领域，证监会及发审委倾向于IPO的拟发行公司系某一行业及某一业务领域内的绩优公司；借壳上市的企业往往不需要具备这样的业务结构与模式。

第二，IPO要经历改制、上市辅导、申报材料、反馈意见和通过发审会审核这一系列严格的法定程序，时间长、要求高、风险大；借壳上市除增发新股外，无特别严格的法定程序，操作得当较容易实现重组上市目的。

第三，IPO要求企业的股权、业务、资产、人员、业绩稳定，注重其可持续发展；借壳上市可不涉及对上市公司的这些要素进行实质性的变化，其出发点在于将壳公司进行再造，实现跨越式发展。

第四，IPO的公司结构倾向于单一，尽量减少关联方交易，绝对禁止同业竞争；借壳上市的企业虽然在后续的工作过程中需要这样规范，但在企业架构中购买方应当是业务较为综合或集中于可细分领域的业务群内的龙头企业，特别是具有用于收购公司的充分的现金流和用于壳公司重组的优质业务及资产。

第五，IPO募集资金量不得超过其净资产的两倍，而对借壳上市的增发而言，其可增发的新股不得超过公司股份总额的30%，在进行两者方案比较分析时，需进行合理的测算。

第六，IPO要求企业没有"污点"，没有涉及税收、用工、环保、外汇、技术、海关等方面的违法违规行为，而借壳上市所涉及的收购方在这些方面相对说来要求并不高。

虽然借壳上市可以免去很多复杂的程序，但却需要承担巨额债务重组的损失。IPO的风险可以预测并可适度控制，但借壳上市所涉及的壳公司质量风险、要约收购风险和增发新股中的其他不可控风险大，借壳上市所采用的方案技术性更强。

（撰稿：陈春燕）

第十九章 现金流量综合分析

案例19.1 “中兴通讯”的现金流分析

【背景资料】

中兴通讯股份有限公司是全球领先的综合通信解决方案提供商，公司通过为全球140多个国家和地区的电信运营商提供创新技术与产品解决方案，让全世界用户享有语音、数据、多媒体、无线宽带等全方位沟通。公司成立于1985年，在我国香港和深圳两地上市，是中国最大的通信设备上市公司。

下面是中兴通讯2010～2012年间的现金流量表(局部)(见表1、表2)、资产负债表(摘要)(见表3)及利润表(见表4)。

表1　**中兴通讯比较现金流量表(局部)(2010～2012年)**　单位：千元

报告期	2012年12月31日	2011年12月31日	2010年12月31日
报表类型	合并报表	合并报表	合并报表
一、经营活动产生的现金流量			
销售商品、提供劳务收到的现金	87 302 343	80 967 660	67 783 927
收到的税费返还	7 588 437	6 315 454	4 742 338
收到的其他与经营活动有关的现金	600 738	1 507 637	655 081
经营活动现金流入小计	95 491 518	88 790 751	73 181 346
购买商品、接受劳务支付的现金	64 944 598	59 892 837	47 382 746
支付给职工以及为职工支付的现金	13 022 924	13 418 931	9 678 857
支付的各项税费	6 607 571	5 611 652	4 437 726
支付的其他与经营活动有关的现金	9 366 409	11 679 548	10 740 107
经营活动现金流出小计	93 941 502	90 602 968	72 239 436
经营活动产生的现金流量净额	1 550 016	—1 812 217	941 910

表 2　现金流量表附注(局部)

报告期	2012 年 12 月 31 日	2011 年 12 月 31 日	2010 年 12 月 31 日
报表类型	合并报表	合并报表	合并报表
净利润	−2 604 621	2 243 093	3 476 482
加:资产减值损失	467 050	946 687	315 263
固定资产折旧	1 032 556	1 008 630	859 538
无形资产及开发支出摊销	505 963	397 770	203 453
长期递延资产摊销	10 411	17 768	8 042
处置固定资产、无形资产和其他长期资产的损失	19 446	30 629	24 094
公允价值变动损失(减收益)	107 396	88 675	−83 597
财务费用	2 024 594	1 330 388	907 980
投资收益	−1 258 886	−1 064 549	−497 163
递延所得税资产增加	−89 769	−473 591	−11 327
递延所得税负债的增加(减减少)	139 900	−89 167	85 243
存货的减少(减增加)	3 411 983	−3 254 859	−2 751 161
经营性应收项目的增加	−4 114 258	−9 317 255	−8 604 383
经营性应付项目的增加	4 754 242	6 473 093	7 389 338
股份支付成本	6 722	41 821	158 957
不可随时用于支付的货币资金的增加	−2 862 713	−191 350	−538 849
经营活动产生的现金流量净额	1 550 016	−1 812 217	941 910
现金及现金等价物净变动	22 659 635	20 662 089	14 905 099

表 3　中兴通讯比较资产负债表(摘要)(2010～2012 年)　单位:千元

报告期	2012 年 12 月 31 日	2011 年 12 月 31 日	2010 年 12 月 31 日
报表类型	合并报表	合并报表	合并报表
货币资金	24 126 423	21 471 967	15 383 207
应收票据	4 282 220	3 223 529	1 289 877

续表

报告期	2012年12月31日	2011年12月31日	2010年12月31日
应收账款	22 068 176	23 873 425	17 563 925
应收账款保理	4 165 514	3 623 096	3 016 569
其他应收款	2 019 341	2 118 700	1 389 783
存货	11 442 389	14 988 379	12 103 670
流动资产合计	82 619 011	84 477 369	65 528 099
资产总计	107 446 306	105 368 114	84 152 357
流动负债合计	72 958 927	63 474 811	48 214 142
负债合计	84 807 576	79 079 339	59 190 359
少数股东权益	1 136 256	2 057 058	1 868 126
所有者权益合计	22 638 730	26 288 775	24 961 998
负债和所有者权益总计	107 446 306	105 368 114	84 152 357

表4 **中兴通讯比较利润表(2010～2012年)** 单位:千元

报告期	2012年12月31日	2011年12月31日	2010年12月31日
报表类型	合并报表	合并报表	合并报表
营业收入	84 219 358	86 254 456	69 906 686
减:营业成本	64 091 546	60 157 354	47 335 026
营业税金及附加	1 191 951	1 462 901	791 889
销售费用	11 180 633	10 953 233	8 754 968
管理费用	2 281 472	2 431 703	2 410 294
研发费用	8 829 194	8 492 623	7 091 971
财务费用	2 331 164	2 356 319	1 198 477
资产减值损失	467 050	946 687	315 263
加:公允价值变动收益(损失以"—"号填列)	—107 396	—88 675	83 597
投资收益(损失以"—"号填列)	1 258 886	1 064 549	497 163
营业利润	—5 002 162	429 510	2 589 558

续表

报告期	2012年12月31日	2011年12月31日	2010年12月31日
加：营业外收入	3 081 253	2 368 710	2 002 149
减：营业外支出	62 291	163 084	231 506
利润总额	−1 983 200	2 635 136	4 360 201
减：所得税	621 421	392 043	883 719
净利润	−2 604 621	2 060 166	3 476 482
归属于母公司股东的净利润（亏损以"—"号填列）	−2 840 962	2 060 166	3 250 247
少数股东损益	236 341	182 927	226 235

【问题思考】

1.现金流量表同其他财务报表有何勾稽关系？

2.现金流量表中的净现金流量与利润表中的净利润不一致的可能原因是什么？

3.从中兴通讯2010～2012年的现金流量表及利润表中可以获得哪些提示？

4.关注该公司近年财务报表，分析其现金流及盈利状况。

【准则依据】

1.《企业会计准则——基本准则》。

2.《企业会计准则第30号——财务报表列报》。

3.《企业会计准则第31号——现金流量表》。

【参考提示】

1. 现金流量表为报表使用者提供了企业在一定会计期间内现金和现金等价物流入和流出的信息，说明了在这个会计期间现金状况变动的原因。现金流量表起着利润表和资产负债表之间的纽带和桥梁作用。现金流量表对于变动原因的分析的各项目之和应等于现金和现金等价物上个期末和本期期末之差，即：现金和现金等价物期初余额±现金和现金等价物净增（减）额＝现金和现金等价物期末余额。为便于报表使用者检查这一等式关系，增加报表的可靠性，国外绝大多数企业将上式中的三个数字列于现金流量表主表的底部。"现金和现金等价物期初余额"和"现金和现金等价物期末余额"是两个时点的资产项下的数字。因此，它们必然包含在资产负债表中，从而形成了现金流量表与资产负债表之间的内部联系（亦称勾稽关系）。为了更明确地反映这一关系，国外多数企业在增加了现金流量表之后，便相应地修改了资产负债表的项目列示，使这一关系能一一对应，从而可以清楚地看出两表中使用的现金概念在数字上是一致的。

2. 从现金流量表的附表可以知道，经营活动产生的现金流量就是以净利润为基础，调整不涉及现金流入流出的各项目，如计提的资产减值准备、固定资产折旧、无形资产和长期待摊费用的摊销、投资损益、待摊费用和预提费用的增减、存货增减、经营性应收应付项目的增减等得出。因此，现金流量表补充资料即是将净利润调节成现金流量净增加额的过程。

【分析点评】

通过仔细分析中兴通讯的现金流量表，我们可以发现以下几个问题：

1.在 2010～2012 年间，销售商品、提供劳务产生的现金流入是增加的，但是经营活动产生的现金流量净额却没有相应地增加，2011 年为负数。“支付的其他与经营活动有关的现金”在 2011 年明显增加，这一项目的内容主要是管理费用、销售费用及营业外支出与经营活动有关的部分。这部分的增加表明，企业当年对费用支出控制不严。

2.2011 年中兴通讯的经营活动产生的现金流量净额虽然为负，但是净利润却为正，而 2012 年的情况刚好相反，即虽然 2012 年公司利润为负数，但公司却有现金净流入，从现金流量补充资料中可以看出，2012 年与经营活动有关的的财务费用、不可用于随时支付的货币资金剧增，但存货却大幅度减少，说明公司及时将存货变现，增加了现金流。

3.在比较利润表中，与 2011 年相比，公司 2012 年营业收入小幅下降，但营业成本、研发费用却没有下降，公允价值变动损失增加，这些都是造成营业利润为负的原因。同时，从利润调节现金流量表中可以看出，公司的资产减值损失大幅减少，营业外收入增加，营业外支出减少，说明公司尽量减少了对资产损失的确认，从营业外收支上对 2012 年的利润亏损在会计上做出了一种努力，但最终并没有扭转亏损的局面。

现金流量表补充资料主要是将净利润调节为经营活动现金流量，同时还列示不涉及现金收支的重大投资和筹资活动、现金及现金等价物变动情况等信息。将净利润调节为经营活动现金流量的过程反映了企业净利润及经营活动现金净流量之间差异产生的原因，从一定程度上说明了企业利润的质量，即是否有相应的现金支撑。

（撰稿：陈春燕）

第二十章　财务比率综合分析

案例 20.1　采用杜邦法的综合评价

【背景资料】

上海汽车工业(集团)总公司简称“上汽集团”，是中国四大汽车集团之一，主要从事乘用车、商用车和汽车零部件的生产、销售、开发、投资及相关的汽车服务贸易和金融业务。1978 年以来，上海汽车工业抓住改革开放的机遇，加快发展，成为上海支柱产业，上海也成为中国重要的轿车工业基地之一。上汽集团的核心价值观是：满足用户需求、提高创新能力、集成全球资源、崇尚人本管理。面对中国汽车市场快速发展的机遇，上汽集团致力于成为一家集先进制造业和现代服务业为一体的综合性产业投资和运营公司，并且正努力成为一家具有核心竞争能力和国际经营能力的汽车公司。

目前，上汽集团所属主要整车企业包括乘用车公司、商用车公司、上海大众、上海通用、上汽通用五菱、南京依维柯、上汽依维柯红岩、上海申沃等。2012 年，上汽集团整车销量达到 449 万辆，同比增长 12%，继续保持国内汽车市场领先优势，并以上一年度 672.54 亿美元的合并销售收入，第 8 次入选《财富》杂志世界 500 强，排名第 130 位，比 2011 年上升了 21 位。

下面是上汽集团 2011 年、2012 年财务报表的有关资料(见表 1、表 2)：

表 1　　上汽集团 2011 年末、2012 年末合并资产负债表(部分数据)　　单位：元

项　目	2011 年 12 月 31 日	2012 年 12 月 31 日	项　目	2011 年 12 月 31 日	2012 年 12 月 31 日
资产			负债及所有者权益		
货币资金	72 158 565 902.59	60 846 425 921.76	流动负债合计	162 512 802 241.57	156 351 680 391.01
应收账款	11 970 414 523.06	15 427 853 242.07	长期负债合计	23 004 061 912.76	15 844 962 026.51
存货	29 256 881 018.66	24 950 803 086.15	负债合计	185 516 864 154.33	172 196 642 417.52
待摊费用	188 035 627.40	163 840 020.24			
流动资产合计	191 232 961 545.85	189 154 655 248.98	所有者权益合计	133 116 316 840.74	145 006 356 550.59

续表

项　目	2011 年 12 月 31 日	2012 年 12 月 31 日	项　目	2011 年 12 月 31 日	2012 年 12 月 31 日
无形资产	8 192 067 057.29	5 526 670 004.45			
固定资产净值	39 901 880 322.88	26 353 123 865.42			
合计	318 633 180 995.07	317 202 998 968.11	合计	318 633 180 995.07	317 202 998 968.11

表 2　　上汽集团 2011 年、2012 年合并利润表项目有关数据　　单位：元

报表项目	2011 年	2012 年
销售收入	433 095 484 273.94	478 432 576 342.83
销售成本	351 870 300 190.34	400 563 596 693.58
销售税金及附加	11 054 303 145.06	7 975 383 838.31
利润总额	42 028 162 786.89	40 156 364 971.19
管理费用	19 115 699 860.52	18 534 638 524.17
财务费用	42 775 595.66	—115 219 782.30
净利润	34 989 631 033.19	33 528 253 727.76

说明：根据上汽集团有关附注资料，上述利润表项目中所列的“销售收入”和“销售成本”及“销售税金及附加”就相当于利润表中的“营业收入”和“营业成本”及“营业税金及附加”，为便于计算有关财务指标及因素分析并保持与公式一致。

另外，根据财务数据计算结果表明：该公司 2011 年总资产周转率 1.43 次，应收账款周转率为 38.36 次，存货周转率为 13.25 次，权益乘数 2.45，资产净利率为 11.59%，净资产收益率为 28.37%。

【问题思考】

1. 通过对上汽集团的财务指标的计算及数据分析（采用杜邦分析法），谈谈你对该公司前景的看法。

2. 请分析上汽集团公司的优势和劣势？你认为该公司在以后的经营管理上应做何调整？

3. 选择一家上市公司，采用杜邦法对其财务指标进行综合分析。

【准则依据】

1.《企业会计准则——基本准则》。

2.《企业会计准则第 30 号——财务报表列报》。

【参考提示】

1. 财务比率一般分为三种:偿债能力指标、盈利能力指标、营运能力指标。而运用财务比率进行分析通常也有三种方法:比较分析法、趋势分析法、因素分析法,趋势分析法是通过比较两个或多个会计期间的财务比率,对企业在财务各方面的发展情况进行评价。趋势分析法一般用于只有某一个企业的财务数据的情况。比较分析法是将某一个企业的财务指标同其他企业或整个行业的指标进行比较,从而对企业的财务状况做出评价。显然本案例应主要运用趋势分析法,同时参考因素分析法。

2. 主要的财务指标有:

(1)流动比率、速动比率、资产负债率和权益乘数(权益乘数采用平均数计算),评价公司的偿债能力。

流动比率＝流动资产/流动负债

速动比率＝速动资产/流动负债＝(流动资产－存货－待摊费用)/流动负债

资产负债率＝负债总额/资产总额

权益乘数＝资产平均数/权益平均数

(2)应收账款周转率、存货周转率、总资产周转率,评价公司的经营能力。

应收账款周转率＝当期销售收入/应收账款平均余额

存货周转率＝销售成本/存货平均余额

总资产周转率＝当期销售收入/总资产平均余额

此外,还有固定资产周转率等。

(3)销售净利率、资产净利率、净资产收益率,评价公司的盈利能力。

销售净利率＝净利润/销售收入

资产净利率＝净利润/总资产平均余额＝销售利润率×总资产周转率

净资产收益率＝净利润/净资产平均余额＝资产净利率×权益乘数

3. 利用因素分析法分析销售净利率、总资产周转率和权益乘数变动对净资产收益率的影响,其中最方便的运用是杜邦分析法,其结构如图1所示:

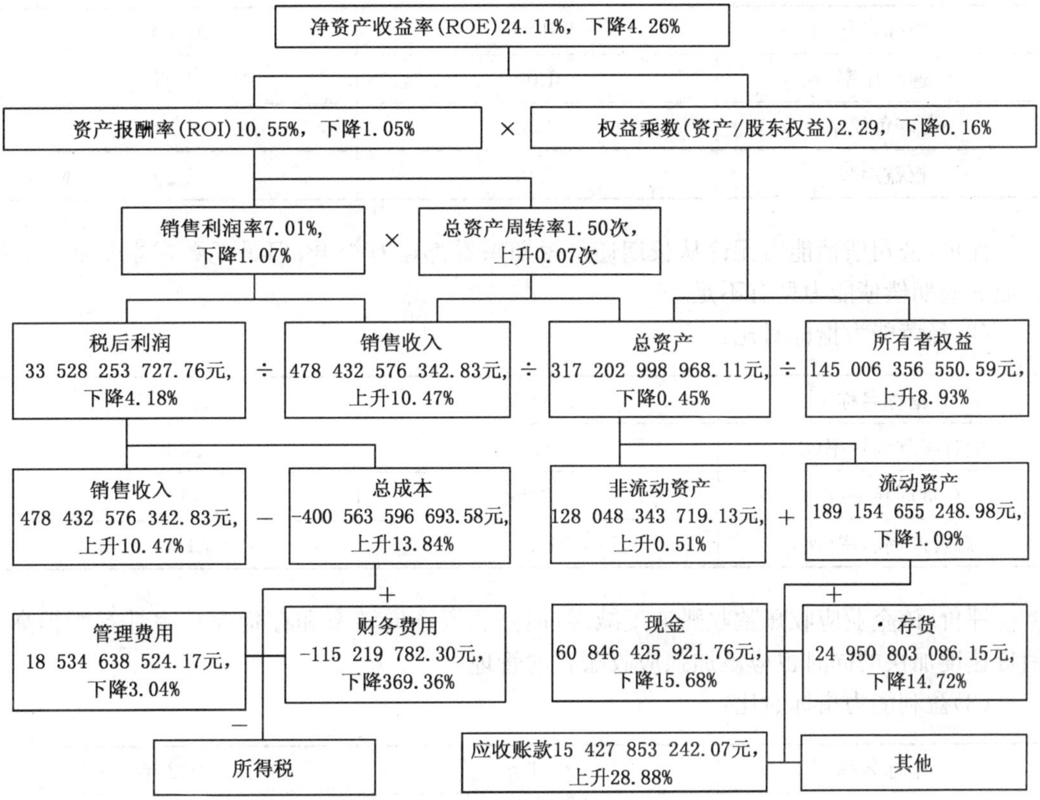

注：为保持杜邦分析图的完整性，图中的总资产变化率及所有者权益的变化率等运用了背景资料中未列出的2010年的财务报表数据。

图1　杜邦分析图

杜邦分析图通过逐层分解，能够更清晰地看到各项财务比率之间的关系，从而找出影响股东权益报酬率的因素，即到底是经营活动本身，还是资本结构。

另外，该企业现金及存货的下降主要原因是期末不再将上海通用公司纳入合并范围。

【分析点评】

1. 财务比率分析

(1)偿债能力指标对比：

指标名称	2011年	2012年
流动比率	1.18	1.21

续表

指标名称	2011年	2012年
速动比率	1.00	1.05
资产负债率	0.58	0.54
权益乘数	2.45	2.29

评价：公司偿债能力无论从长期还是短期来看都略有提升，但是就数据本身而言，该企业的短期偿债能力稍有不足。

(2)经营能力指标对比：

指标名称	2011年	2012年
应收账款周转率(次)	38.36	34.92
存货周转率(次)	13.25	14.78
总资产周转率(次)	1.43	1.50

评价：该企业应收账款收账速度减缓，但是总资产周转率和存货周转率都有所提高，销货速度加快的同时也应该加强应收账款的管理。

(3)盈利能力指标对比：

指标名称	2011年	2012年
销售净利率(%)	8.08	7.01
资产净利率(%)	11.59	10.55
净资产收益率(%)	28.37	24.11

评价：与2011年比较，企业的盈利能力有所下降。

(4)对因素分析法的具体应用，最广泛的是杜邦分析法，具体数据变化见图1。

2. 综合评价

总体来说，上汽集团公司的经营状况与上一年度比较，偿债能力和经营能力稳中有升，但是盈利能力有所下降，这主要是由于2012年国内汽车市场增长疲软，汽车行业产能持续过剩，市场价格竞争日益激烈，劳动力等要素成本不断上升导致的。从该公司的财务报表数据分析来看，主要存在以下优势及劣势：

优势：

(1)管理费用和财务费用有所下降，企业经营管理能力不断增强，为企业在激烈的市场环境中提供竞争优势。

(2)销售收入增加，核心竞争能力处于行业的领先水平。

劣势：

(1)应收账款周转率降低可能造成短期偿债能力不足，企业应加强该项资产的管理。

(2)盈利能力下降，企业应通过降低成本和提高创新能力进一步提高核心竞争能力，以保持企业的市场领先地位。

（撰稿：张其秀、王玉婷）

案例 20.2 “二重重装”横向比较分析

【背景资料】

中国第二重型机械集团公司(简称中国二重，英文简称为 CNEG)始建于 1958 年，是中央直接管理的“关系国家安全及国民经济命脉”的企业集团，是国家重大技术装备国产化基地和我国最大、最重要的新能源装备制造基地之一。中国二重总部设在四川省成都市，主要研发中心和生产基地分布在中国的两省三地，即四川省成都工程研究中心、四川省德阳基地和江苏省镇江出海口基地。中国二重公司拥有一个上市公司(简称二重重装，股票代码 601268)，8 个科研院所，11 个事业部、子公司和子企业。截至 2011 年末，中国二重占地总面积约 482 万平方米，总资产 265 亿元，在册职工 13 264 人

中国二重具有雄厚的物质技术基础和强大的产品研发、设计和制造能力，旗下有国家级技术中心、工程实验室和博士后工作站，有以当今世界最大的 160MN 自由锻压机为代表的生产设备 6 600 余台，具备一次性冶炼 1 000t 钢水、浇注 600t 钢锭、产出 550t 成品铸件及 400t 成品锻件的能力，是中国最大的冶金成套设备，锻压设备，风电核心部件，核电、水电、火电成套铸锻件，船用铸锻件，重型压力容器，大型传动件，大型航空模锻件等重大技术装备制造基地。拥有国内首屈一指的特种大件物流码头，是核电、重型容器等大型成套设备极限制造加工基地。

50 多年来，中国二重先后为冶金、矿山、能源、交通、汽车、石油化工、航空航天等国民经济各部门和国防建设提供了近 200 万吨重大技术装备，许多产品填补了国内空白，替代了进口，为推进中国重大技术装备国产化、振兴民族装备制造业做出了积极贡献。

然而，在 2009～2011 年正值国家 4 万亿元基建大投资的年份，各大工程机械制造业高歌猛进，工程机械市场蓬勃发展中，地处四川德阳的二重重装似乎没有利用自己的地缘优势，拉近与企业龙头老大的差距，反而企业业绩大幅下滑，远低于行业平均水平，这似乎有点难以想象。

2011 年、2012 年二重重装连续两年亏损。2012 年年报显示，2012 年公司实现营业收入 39.9 亿元，亏损达 28.9 亿元，较 2011 年 14 亿元的亏损额增加了 1 倍多，股票简称由二重重装变更为 * ST 二重。该公司 2013 年 8 月 26 日发布的 2013 年半年度报告显示，公

司上半年实现营业收入 29.47 亿元，亏损 9.96 亿元，同比增亏 5.93 亿元。

在连续两年亏损之后，*ST 二重如果 2013 年度再出现亏损，将会被暂停上市，而主业的持续不振和上半年逾 9 亿元的亏损额，暗示着全年扭亏任务的艰巨性。

*ST 二重 2013 年财务报表中报及三季度数据如下(见表 1、表 2、表 3)：

表 1　　*ST 二重资产负债表　　单位：万元

	2013 年 9 月 30 日	2013 年 6 月 30 日
报告期	三季报	中报
报表类型	合并报表	合并报表
流动资产：		
货币资金	122 088.96	230 591.20
交易性金融资产		
应收票据	87 870.21	99 589.46
应收账款	415 219.76	410 528.71
预付款项	34 952.35	29 617.69
应收利息		
其他应收款	5 111.37	3 917.55
应收股利		
买入返售金融资产		
存货	482 628.05	470 432.74
其中：消耗性生物资产		
一年内到期的非流动资产		
其他流动资产	900.00	900.00
其他金融类流动资产		
流动资产合计	1 148 770.70	1 245 577.35
非流动资产：		
发放贷款及垫款		
可供出售金融资产	417.10	501.49
持有至到期投资		
长期应收款		

续表

	2013年9月30日	2013年6月30日
长期股权投资	681.89	4 606.16
投资性房地产		
固定资产	544 837.15	546 085.51
在建工程	311 350.19	308 864.82
工程物资		
固定资产清理	405.47	
生产性生物资产		
油气资产		
无形资产	63 248.78	64 128.60
开发支出		
商誉		
长期待摊费用		
递延所得税资产	5 350.26	5 350.26
其他非流动资产	50 257.15	21 981.70
非流动资产合计	976 547.99	951 518.54
资产总计	2 125 318.69	2 197 095.89
流动负债：		
短期借款	542 418.05	555 429.81
交易性金融负债	35.42	35.42
应付票据	85 074.65	113 107.21
应付账款	280 830.35	268 143.89
预收款项	107 076.40	103 246.60
应付手续费及佣金		
应付职工薪酬	8 569.85	7 842.21
应交税费	−5 166.52	−29 144.17
应付利息	5 040.00	5 645.28
应付股利		

续表

	2013 年 9 月 30 日	2013 年 6 月 30 日
其他应付款	16 047.69	16 019.10
一年内到期的非流动负债	187 857.00	147 729.00
递延收益—流动负债		
应付短期债券		
其他流动负债	509.17	50 483.69
其他金融类流动负债		
流动负债合计	1 228 292.07	1 238 538.04
非流动负债：		
长期借款	432 620.10	442 557.10
应付债券	80 000.00	79 940.96
长期应付款	44.27	
专项应付款	5 796.32	44.27
预计负债		5 896.53
递延所得税负债	66.99	66.99
递延收益—非流动负债		
其他非流动负债	26 679.83	26 810.20
非流动负债合计	545 207.51	555 316.06
负债合计	1 773 499.58	1 793 854.09
所有者权益(或股东权益)：		
实收资本(或股本)	229 344.95	229 344.95
资本公积金	482 392.86	482 477.25
减：库存股		
专项储备	610.38	697.96
盈余公积金	11 821.69	11 821.69
一般风险准备		
未分配利润	−372 429.36	−321 181.43
外币报表折算差额		

续表

	2013 年 9 月 30 日	2013 年 6 月 30 日
未确认的投资损失		
归属于母公司所有者权益合计	351 740.53	403 160.44
少数股东权益	78.58	81.36
所有者权益合计	351 819.11	403 241.79
负债和所有者权益总计	2 125 318.69	2 197 095.89

表 2　　***ST 二重利润表**　　单位：万元

	2013 年 9 月 30 日	2013 年 6 月 30 日
报告期	三季报	中报
报表类型	合并报表	合并报表
营业总收入	391 172.65	294 710.76
营业收入	391 172.65	294 710.76
营业总成本	541 440.83	393 715.29
营业成本	436 465.92	325 160.14
营业税金及附加	1 149.17	902.65
销售费用	5 603.12	2 602.82
管理费用	47 481.77	29 070.90
财务费用	45 819.29	31 056.57
资产减值损失	4 921.56	4 922.22
其他经营收益	221.53	173.33
公允价值变动净收益	157.79	157.79
投资净收益	63.74	15.54
其中：对联营企业和合营企业的投资收益	2.65	−27.35
汇兑净收益		
营业利润	−150 046.65	−98 831.21
加：营业外收入	1 356.83	1 224.39
减：营业外支出	299.45	227.98

续表

	2013 年 9 月 30 日	2013 年 6 月 30 日
其中:非流动资产处置净损失	203.04	144.02
利润总额	−148 989.28	−97 834.79
减:所得税	912.54	816.31
加:未确认的投资损失		
净利润	−149 901.81	−98 651.11
减:少数股东损益	−3.42	−0.65
归属于母公司所有者的净利润	−149 898.39	−98 650.46
加:其他综合收益	100.66	172.39
综合收益总额	−149 801.16	−98 478.71
减:归属于少数股东的综合收益总额	−3.42	−0.65
归属于母公司普通股东综合收益总额	−149 797.73	−98 478.07
每股收益:		
基本每股收益	−0.653 6	−0.430 1
稀释每股收益	−0.653 6	−0.430 1

表 3　　*ST 二重现金流量表　　单位:万元

	2013 年 9 月 30 日	2013 年 6 月 30 日
报告期	三季报	中报
报表类型	合并报表	合并报表
经营活动产生的现金流量:		
销售商品、提供劳务收到的现金	321 790.38	211 865.71
收到的税费返还	2 749.91	2 556.97
收到其他与经营活动有关的现金	6 379.22	3 407.18
经营活动现金流入小计	330 919.51	217 829.86
购买商品、接受劳务支付的现金	340 492.14	222 588.72
支付给职工以及为职工支付的现金	61 204.12	39 721.13
支付的各项税费	12 869.43	10 048.95

续表

	2013 年 9 月 30 日	2013 年 6 月 30 日
支付其他与经营活动有关的现金	28 233.90	13 412.08
经营活动现金流出小计	442 799.59	285 770.88
经营活动产生的现金流量净额	−111 880.08	−67 941.02
投资活动产生的现金流量:		
收回投资收到的现金		
取得投资收益收到的现金	57.23	39.03
处置固定资产、无形资产和其他长期资产收回的现金净额	504.43	504.43
处置子公司及其他营业单位收到的现金净额		
收到其他与投资活动有关的现金	1 142.43	842.43
投资活动现金流入小计	1 704.10	1 385.90
购建固定资产、无形资产和其他长期资产支付的现金	30 708.78	13 719.29
投资支付的现金		
取得子公司及其他营业单位支付的现金净额	193.24	193.24
支付其他与投资活动有关的现金	900.00	600.00
投资活动现金流出小计	31 802.02	14 512.53
投资活动产生的现金流量净额	−30 097.93	−13 126.63
筹资活动产生的现金流量:		
吸收投资收到的现金		
其中:子公司吸收少数股东投资收到的现金		
取得借款收到的现金	573 828.31	459 176.31
收到其他与筹资活动有关的现金	125.10	125.10
发行债券收到的现金		
筹资活动现金流入小计	573 953.41	459 301.41
偿还债务支付的现金	461 084.38	313 401.63
分配股利、利润或偿付利息支付的现金	52 218.21	33 525.67

续表

	2013年9月30日	2013年6月30日
其中:子公司支付给少数股东的股利、利润		
支付其他与筹资活动有关的现金		
筹资活动现金流出小计	513 302.59	346 927.29
筹资活动产生的现金流量净额	60 650.82	112 374.12
汇率变动对现金的影响	−245.76	−214.72
现金及现金等价物净增加额	−81 572.95	31 091.75
期初现金及现金等价物余额	191 306.16	191 306.16
期末现金及现金等价物余额	109 733.21	222 397.91
补充资料:		
净利润		−98 651.11
加:资产减值准备		4 922.22
固定资产折旧、油气资产折耗、生产性生物资产折旧		21 768.51
无形资产摊销		1 759.63
长期待摊费用摊销		
待摊费用减少		
预提费用增加		
处置固定资产、无形资产和其他长期资产的损失		144.02
固定资产报废损失		
公允价值变动损失		−157.79
财务费用		31 056.57
投资损失		−15.54
递延所得税资产减少		−12.60
递延所得税负债增加		
存货的减少		70 816.22
经营性应收项目的减少		−64 713.73
经营性应付项目的增加		−34 857.40

续表

	2013 年 9 月 30 日	2013 年 6 月 30 日
未确认的投资损失		
其他		
间接法一经营活动产生的现金流量净额		－67 941.02
债务转为资本		
一年内到期的可转换公司债券		
融资租入固定资产		
现金的期末余额		222 397.91
减:现金的期初余额		191 306.16
加:现金等价物的期末余额		
减:现金等价物的期初余额		
间接法一现金及现金等价物净增加额		31 091.75

二重重装的问题究竟出在哪里？不妨通过较为直观的图示法，将它与同行业的几家公司进行一系列横向比较，或许能从中找到些许答案。

【问题思考】

1.请选择三家同行业上市公司，从指标比较和趋势分析的两方面来综合考察二重重装的整体财务状况。

2.通过上述对于二重重装财务状况的综合分析，你能看出这家公司的主要问题在哪里吗？

3.跟踪该公司 2013 年中报的财务报表数据，进一步分析成为 * ST 二重后的财务状况。

4.你认为同行业的财务分析应有哪些关注点？是否有创新方法？

【准则依据】

1.《企业会计准则——基本准则》。

2.《企业会计准则第 30 号——财务报表列报》。

【参考提示】

对二重重装的财务分析主要可从指标比较和趋势分析两方面来考察。指标比较分为纵向比较和横向比较，纵向比较即与本企业历史数据进行比较，以考察企业发生了哪些变化；横向比较即与同行业的竞争对手进行比较，以考察本企业在行业中所处的地位和自身的优势与劣势。趋势分析就是将前后两期以上的财务报表资料并列比较，以了解前后各期余额增减变动情况及其趋势。

在本次案例分析中，我们选择了行业中处于相对领先地位，业绩较好，同二重重装在经营目标方面具有可比性的 3 家企业：三一重工、徐工机械、中联重科进行对比分析。从盈利能力、偿债能力、运营效率和现金流动四个方面进行分析。

下面是二重重装与同行业 3 家公司三一重工、徐工机械、中联重科的近 3 年的部分财务资料比较(见表 4)。

表 4 近 3 年 4 家公司部分财务资料比较

基本财务指标	二重重装			三一重工			徐工机械			中联重科		
	2011	2010	2009	2011	2010	2009	2011	2010	2009	2011	2010	2009
每股收益(元)	−0.08	0.17	0.27	1.14	1.11	1.32	1.64	3.22	2.01	1.05	0.97	1.42
每股净资产(元)	3.17	3.37	2.04	2.59	2.24	5.06	7.34	11.68	5.04	4.6	4.73	4.42
每股经营活动产生的现金流量净额(元)	−1.13	−0.24	0.08	0.3	1.33	1.66	−0.98	0.46	3.67	0.27	0.09	0.8
主营业务收入(万元)	722 034	672 498	755 483	5 077 630	3 395 494	1 649 588	3 297 107	2 521 390	2 069 909	4 632 258	3 219 267	2 076 216
主营业务利润(万元)	107 084	124 640	134 898	1 826 455	1 238 187	528 569	669 857	538 240	392 561	1 474 293	959 151	523 189
营业利润(万元)	−29 592	24 273	29 698	984 720	689 688	262 365	389 849	331 475	200 498	951 437	537 387	272 985
投资收益(万元)	826	106	9	14 123	4 229	−7 287	100	3 195	807	3 589	1 467	−26
营业外收支净额(万元)	12 849	3 344	6 000	94 507	4 136	524	4 966	8 154	6 996	8 810	4 223	9 755
利润总额(万元)	−16 743	27 617	35 697	1 079 227	693 825	262 890	394 815	339 629	207 494	960 247	541 611	282 739
净利润(万元)	−14 012	27 979	38 025	864 890	561 546	196 258	337 863	292 609	174 127	806 564	466 559	237 240
净利润(扣除非经常性损益后)(万元)	−24 221	19 138	26 026	792 278	513 457	198 929	331 558	282 306	74 752	798 782	463 337	229 660
经营活动产生的现金流量净额(万元)	−190 545	−40 589	10 435	227 903	674 912	247 113	−202 976	47 574	318 014	209 323	54 518	133 330
现金及现金等价物净增加额(万元)	−83 394	54 211	−17 138	334 342	78 354	13 937	−79 703	406 364	201 062	−275 606	1 531 907	9 828
总资产(万元)	2 282 879	2 083 567	1 776 772	5 130 672	3 134 077	1 583 700	3 471 352	2 480 112	1 507 219	7 158 177	6 299 528	3 400 575
流动资产(万元)	1 396 807	1 349 723	1 175 318	3 378 378	2 043 675	1 073 252	2 788 768	2 056 784	1 119 697	4 901 555	4 436 646	2 047 641
总负债(万元)	1 740 904	1 516 815	1 487 532	3 055 311	1 942 224	755 232	1 955 867	1 274 537	1 066 389	3 594 701	3 552 083	2 632 280
流动负债(万元)	1 096 063	922 752	1 023 791	2 313 180	1 753 099	551 873	1 632 195	1 255 471	1 056 776	2 665 138	2 598 096	1 943 446
股东权益(不含少数股东权益)(万元)	536 015	560 989	283 479	1 966 271	1 135 032	752 711	1 514 205	1 204 610	437 551	3 544 645	2 741 521	738 976
净资产收益率加权(%)	−2.54	5.32	14.39	55.96	54.67	29.37	24.45	51.18	41.52	25.16	33.41	38.12
盈利能力												
总资产利润率(%)	−0.61	1.34	2.14	19.67	14.96	10.56	9.73	11.77	11.36	11.42	7.28	7.11

续表

基本财务指标	二重重装			三一重工			徐工机械			中联重科		
	2011	2010	2009	2011	2010	2009	2011	2010	2009	2011	2010	2009
主营业务利润率(%)	14.83	18.53	17.86	35.97	36.47	32.04	20.32	21.35	18.97	31.83	29.79	25.2
总资产净利润率(%)	−0.64	1.45	2.3	22.65	26.13	15.9	11.35	14.64	18.3	12.15	9.46	8.47
成本费用利润率(%)	−2.26	4.3	4.96	26.58	25.7	19.12	13.64	15.62	11.14	26.23	20.42	15.74
营业利润率(%)	−4.1	3.61	3.93	19.39	20.31	15.9	11.82	13.15	9.69	20.54	16.69	13.15
主营业务成本率(%)	84.55	80.97	81.52	63.52	63.15	67.66	79.32	78.31	80.64	67.6	69.66	74.28
销售净利率(%)	−1.92	4.16	5.03	18.44	18.15	14.37	10.25	11.57	8.27	17.64	14.25	11.65
净资产收益率(%)	−2.61	4.99	13.41	43.99	49.47	26.07	22.31	24.29	39.19	22.75	17.02	32.1
股本报酬率(%)	125.97	133.38	165.01	149.45	149.76	214.2	222.07	372.14	305.17	130.22	106.68	226.41
净资产报酬率(%)	39.28	39.77	79.3	54.68	63.61	38.47	30.23	31.84	60.05	28.16	22.51	49.3
资产报酬率(%)	9.33	10.82	12.91	22.12	24.19	20.13	13.2	15.48	17.56	14.02	9.82	11.14
销售毛利率(%)	15.45	19.03	18.48	36.48	36.85	32.34	20.68	21.69	19.36	32.4	30.34	25.72
三项费用比重(%)	17.65	13.93	13.08	15.93	15.98	15.4	8.08	7.59	8.92	10.85	12.17	11.7
非主营业务比重(%)	−81.67	12.49	16.83	10.07	1.21	−2.57	1.28	3.34	3.76	1.29	1.05	3.44
主营业务利润比重(%)	−639.58	451.32	377.89	169.24	178.46	201.06	169.66	158.48	189.19	153.53	177.09	185.04
偿债能力												
流动比率	1.27	1.46	1.15	1.46	1.17	1.94	1.71	1.64	1.06	1.84	1.71	1.05
速动比率	0.79	0.92	0.75	1.11	0.84	1.41	1.3	1.18	0.73	1.48	1.37	0.73
现金比率(%)	24.87	40.72	32.08	44.3	34.06	55.75	51.27	72.46	47.63	93.18	103.6	39.68
利息支付倍数(%)	51.35	222.56	228.51	1 436.89	2 425.72	3 064.30	5 119.35	−87 973.32	6 751.45	8 752.46	1 352.61	921.76
资产负债率(%)	76.26	72.8	83.72	59.55	61.97	47.69	56.34	51.39	70.75	50.22	56.39	77.41
长期债务与营运资金比率	1.53	0.98	2.08	0.63	0.42	0.26	0.02	0.02	0.11	0.27	0.26	2.21
股东权益比率(%)	23.74	27.2	16.28	40.45	38.03	52.31	43.66	48.61	29.25	49.78	43.61	22.59
长期负债比率(%)	20.19	19.99	17.7	13.02	3.87	8.43	0.63	0.77	0.46	8.32	7.64	6.77

续表

基本财务指标	二重重装			三一重工			徐工机械			中联重科		
	2011	2010	2009	2011	2010	2009	2011	2010	2009	2011	2010	2009
股东权益与固定资产比率(%)	94.66	142.05	78.62	196.91	193.6	280.29	589.29	501.36	188.4	861.1	743.96	241.57
负债与所有者权益比率(%)	321.21	267.63	514.29	147.22	162.96	91.16	129.06	105.72	241.9	100.88	129.29	342.61
长期资产与长期资金比率(%)	88.34	74.63	99.63	63.87	83.04	53.06	44.4	34.57	86.53	54.26	57.7	135.51
资本化比率(%)	45.96	42.36	52.09	24.35	9.23	13.88	1.42	1.55	1.56	14.32	14.91	23.05
固定资产净值率(%)	71.63	66.9	65.78	84.14	81.28	78.34	68.15	72.33	71.45	68.98	69.82	69.91
资本固定化比率(%)	163.49	129.48	207.94	84.43	91.49	61.61	45.04	35.11	87.91	63.33	67.8	176.1
产权比率(%)	287.3	236.32	462.67	143.65	157.26	82.74	109.15	105.71	241.31	91.51	112.08	282.9
清算价值比率(%)	143.31	151.52	129.34	164.85	158.89	221.84	201.85	185.62	131.93	211.53	196.86	145.69
固定资产比重(%)	25.08	19.15	20.71	20.54	19.64	18.66	7.41	9.7	15.52	5.78	5.86	9.35
成长能力												
主营业务收入增长率(%)	7.37	−10.98	0.76	49.54	105.84	20.01	30.77	21.81	517.11	43.89	55.05	53.24
净利润增长率(%)	−149.58	−26.38	9.62	51.87	160.09	60.74	15.77	70.44	1 581.20	78.15	89.68	51.77
净资产增长率(%)	−4.37	95.94	15.63	74.13	43.86	33.95	25.71	173.48	234.55	29.7	257.6	43.78
总资产增长率(%)	9.57	17.27	16.4	63.71	97.9	13.39	39.97	64.55	314.27	13.63	85.25	47.07
营运能力												
应收账款周转率(次)	2.29	2.45	3.06	5.96	7.09	4.74	4.82	8.81	18.43	4.98	5.36	4.74
应收账款周转天数(天)	157.42	147.2	117.55	60.38	50.78	75.87	74.62	40.87	19.54	72.3	67.21	75.98
存货周转率(次)	1.18	1.2	1.47	4.67	4.97	3.75	4.2	4.28	7.19	3.42	3	2.7
固定资产周转率(次)	1.49	1.75	2.34	6.08	7.45	6.13	13.25	10.63	12.62	11.83	9.37	7.69
总资产周转率(次)	0.33	0.35	0.46	1.23	1.44	1.11	1.11	1.26	2.21	0.69	0.66	0.73
存货周转天数(天)	305.99	300.55	245.35	77.14	72.42	95.99	85.7	84.14	50.08	105.38	120	133.56

续表

基本财务指标	二重重装			三一重工			徐工机械			中联重科		
	2011	2010	2009	2011	2010	2009	2011	2010	2009	2011	2010	2009
总资产周转天数(天)	1 088.6	1 033.3	787.06	292.99	250.1	325.23	324.91	284.65	162.7	522.95	542.33	495.25
流动资产周转率(次)	0.53	0.53	0.66	1.87	2.18	1.59	1.36	1.59	3.03	0.99	0.99	1.2
流动资产周转天数(天)	684.67	675.8	542.25	192.21	165.24	227.06	264.53	226.77	118.83	362.87	362.57	298.98
经营现金净流量对销售收入比率(%)	−0.26	−0.06	0.01	0.04	0.2	0.15	−0.06	0.02	0.15	0.05	0.02	0.06
资产的经营现金流量回报率(%)	−0.08	−0.02	0.01	0.04	0.22	0.16	−0.06	0.02	0.21	0.03	0.01	0.04
经营现金净流量与净利润的比率(%)	—	−1.45	0.27	0.24	1.09	1.04	−0.6	0.16	1.86	0.26	0.12	0.55
经营现金净流量对负债比率(%)	−0.11	−0.03	0.01	0.07	0.35	0.33	−0.1	0.04	0.3	0.06	0.02	0.05
现金流量比率(%)	−17.38	−4.4	1.02	9.85	38.5	44.78	−12.44	3.79	30.09	7.85	2.1	6.86

【分析点评】

1.盈利能力分析

首先，对 4 家公司 3 年(2009～2011 年)的利润率进行比较分析(见图 1、图 2)：

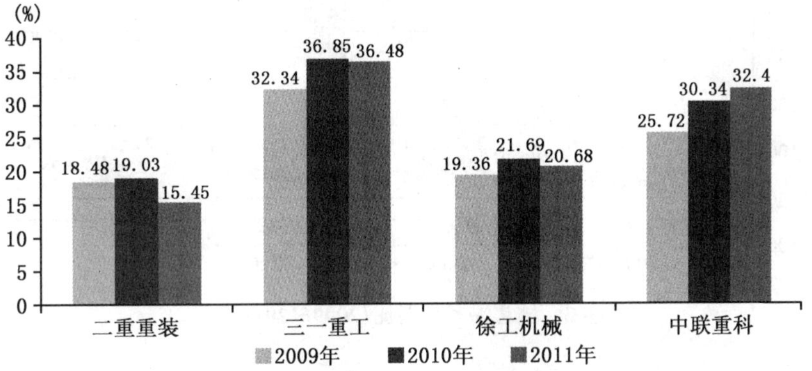

图 1 销售毛利率对比(2009～2011 年)

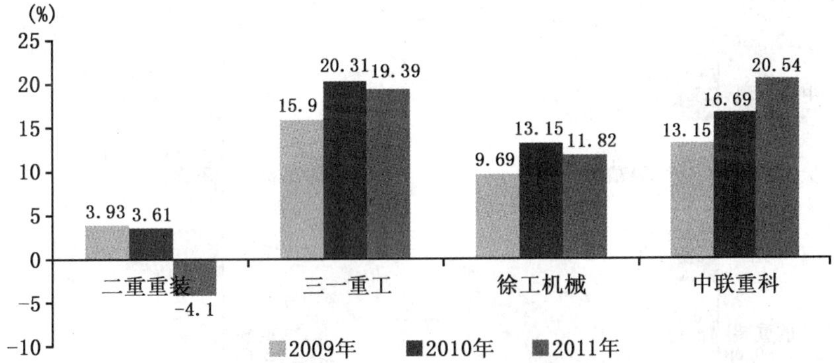

图 2 营业利润率对比(2009～2011 年)

从上面的销售毛利率，营业利润率对比分析图中可以看出，二重重装的销售毛利率、营业利润率低于同行业的三一重工、徐工机械、中联重科，而且营业利润率与此三者的差距相当得惊人，处境十分不利。

下面我们再看二重重装与同行业公司 2009～2011 年间的销售增长率的比较情况(见图 3)：

二重重装业绩不佳的原因之一在于，过去 3 年中二重重装的销售增长率落后于竞争对手，尽管受益于国家 4 万亿元投资计划，工程机械市场蓬勃发展，但是二重重装似乎并未从增长的市场中获利。

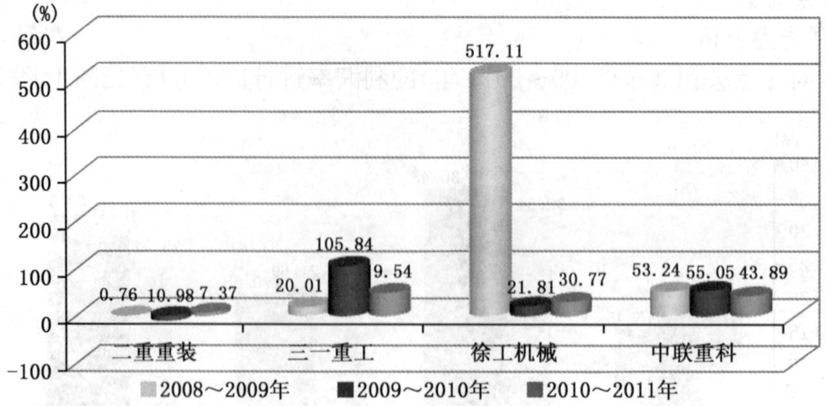

图 3　销售增长率对比(2009～2011 年)

此外,二重重装盈利能力的糟糕表现也开始严重影响其股东价值和投资者利益。

从下列同行业的每股收益、净资产收益率比较图(见图 4、图 5)可知:二重重装的表现与同行相差甚远。

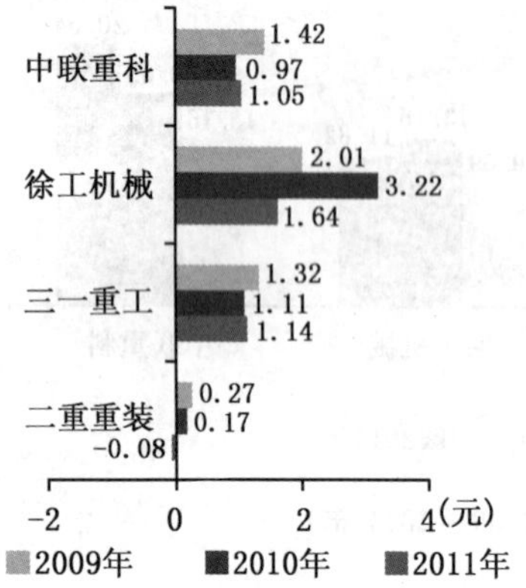

图 4　每股收益对比(2009～2011 年)

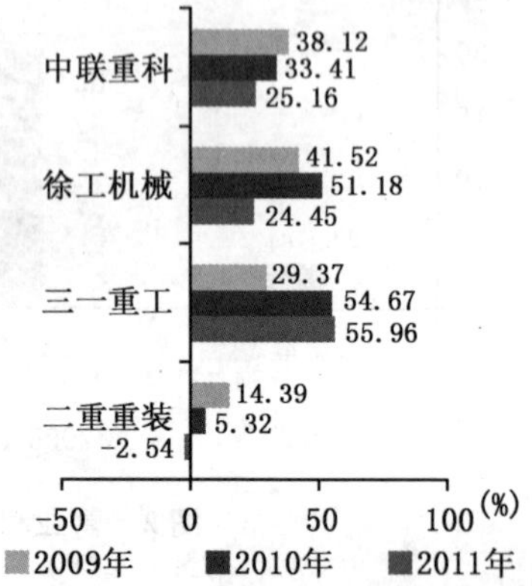

图 5　净资产收益率对比(2009～2011 年)

资产利润率是企业盈利能力的关键,虽然股东的报酬由资产利润率和财务杠杆共同决定,但是提高财务杠杆会同时增加企业的风险,往往并不增加企业的价值。此外,财务杠杆的提高会有诸多限制,企业经常处于财务杠杆不可能再提高的临界状态。因此,提高股东报酬的基本动力是资产利润率。而二重重装的资产利用效率很差,是其盈利能力差的关键。这一点从图 6 中可以很清楚地看出。

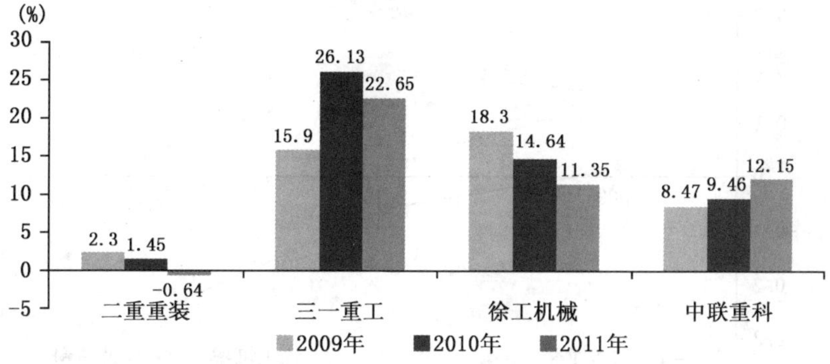

图6　资产利润率对比(2009～2011年)

如图7,从经营现金净流量占销售收入比率来看,二重重装的经营现金净流量比率从2009～2011年间不断减少,从这点可以反映出企业的现金销售的业务比重相对越来越少,赊账销售的比例增大,这给企业带来了应收账款成本和发生坏账可能性的增加,从一个侧面反映出二重重装存在现金流吃紧、企业发展后劲不足等问题。

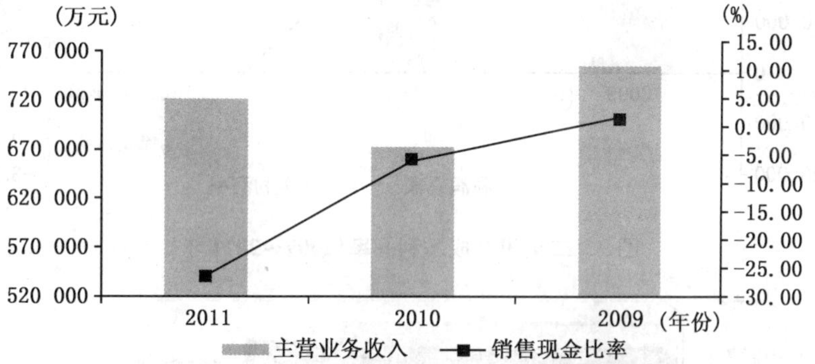

图7　二重重装销售现金比率(2009～2011年)

同行业销售现金比率比较如图8所示。

二重重装的盈利能力差的另一个重要原因是其成本很高,成本利润很低(见图9)。

同行业成本利润率比较如图10所示。

数据显示,二重重装的成本利润率远远低于同行业的其他企业,说明其成本相对于其他企业较高,更为严重的是,二重重装的成本利润率逐年下降,这显示出了一个不好的信号,说明二重重装的成本不仅没有降低,反而相对提高,这对于其公司的盈利能力的提高提出了一个很大的问题。因此,二重重装现在的当务之急应当是如何合理有效地降低企业的成本,提高企业竞争力。

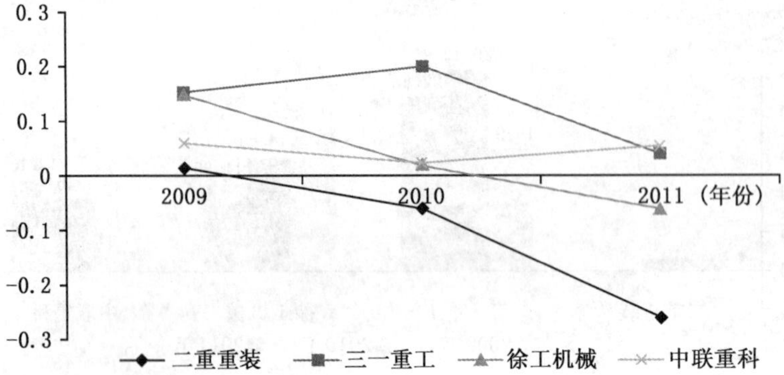

图 8　销售现金比率对比(2009～2011 年)

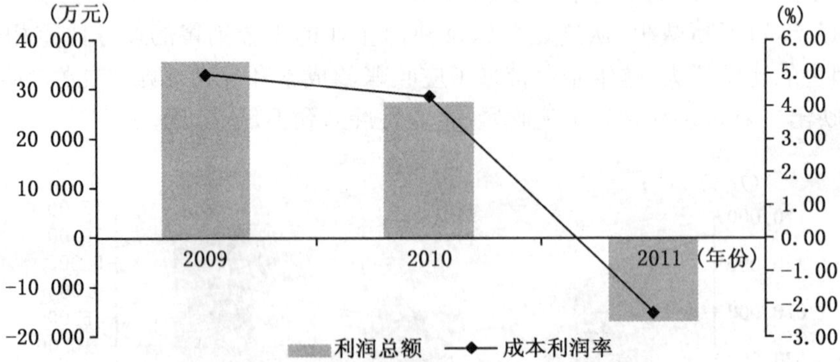

图 9　二重重装成本利润率(2009～2011 年)

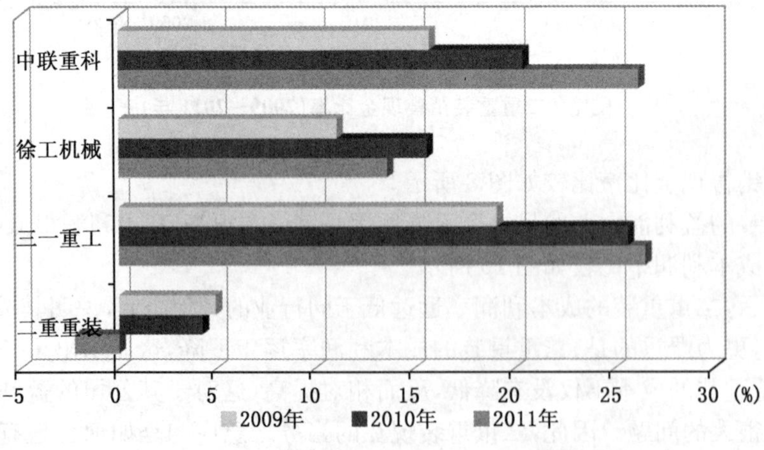

图 10　成本利润率对比(2009～2011 年)

表 5　　二重重装及其竞争者各项成本占总成本比例表

企业	主营业务成本	主营业务税金及附加	销售费用	管理费用	财务费用	资产减值损失
二重重装	81.18%	0.60%	2.09%	10.28%	4.58%	1.27%
三一重工	78.66%	0.63%	10.28%	7.47%	1.97%	0.98%
徐工机械	89.95%	0.41%	4.37%	4.52%	0.27%	0.47%
中联重科	84.95%	0.72%	8.57%	4.76%	0.30%	0.70%

2.偿债能力分析

总体而言，二重重装的偿债能力处于行业的中下游水平，虽不存在重大的偿债风险，但是也存在一些令人关注的问题。我们先看以下同行业流动比率分析比较图(见图 11、图 12)：

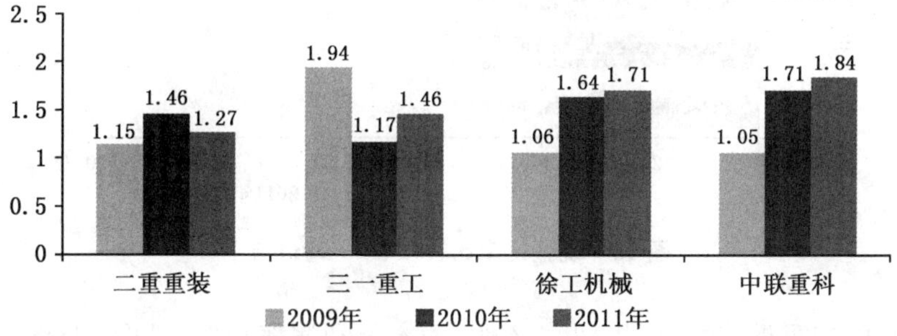

图 11　流动比率对比(2009～2011 年)

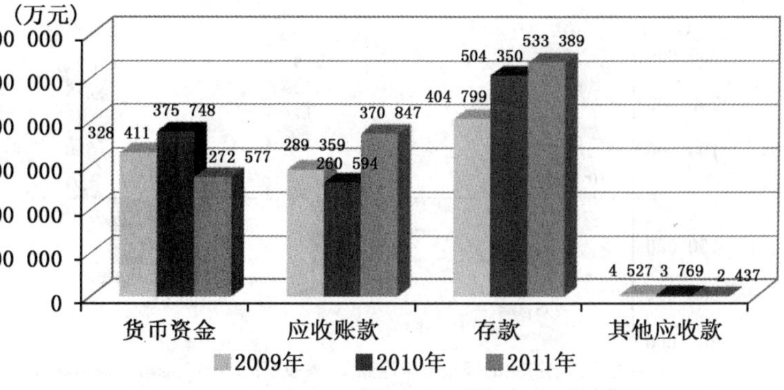

图 12　二重重装流动资产概况(2009～2011 年)

从图中可见，二重重装流动比率相较于三一重工、徐工机械、中联重科略为偏低，一般认为生产型企业的流动比率低于 2 就不是很理想了，而二重重装的流动比率约为 1.2，有待于提高资产流动性。影响流动资产质量的重要项目有货币资金、存货、应收账款等，从上面我们也可以看出，二重重装的货币资金竟然在2011年出现了大幅下降，更为严重的是应收账款、存货都在不断增加，这表示二重重装的销售出现了问题，这与上面的销售增加率的降低和现金净流量占销售收入比率的下滑相符，证明了我们对其的发展后劲不足的论断。

偿还债务用的是现金，而存货存在容易贬值或难以售出等问题，流动性较差，而应收账款又存在坏账的可能，只有现金是最具有偿付能力的。

从图13中可见，二重重装的现金比率远远落后其他3家企业，销售不畅，导致二重重装现金收入减少，应收账款增加，进一步影响下期销售，形成恶性循环，直接影响企业的偿债能力。

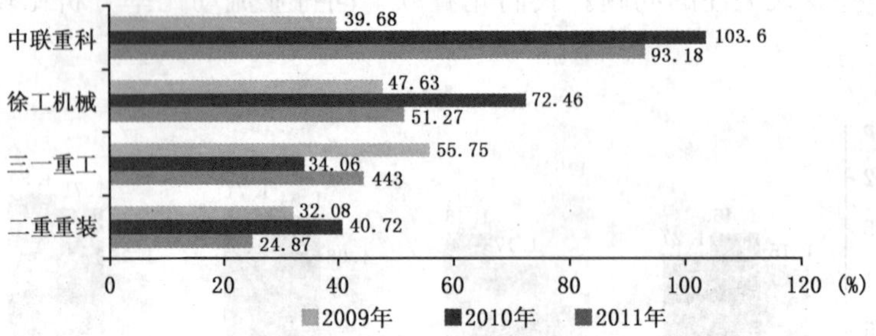

图13　现金比率比较(2009～2011年)

如前所述，二重重装的盈利能力并不强，资本金利润率很低(见图14、图15)，而银行贷款利率比资本金利润率高，如果该公司通过贷款再融资是不可行的，这样会减少公司股东价值。而实际操作中该企业又是如何呢?

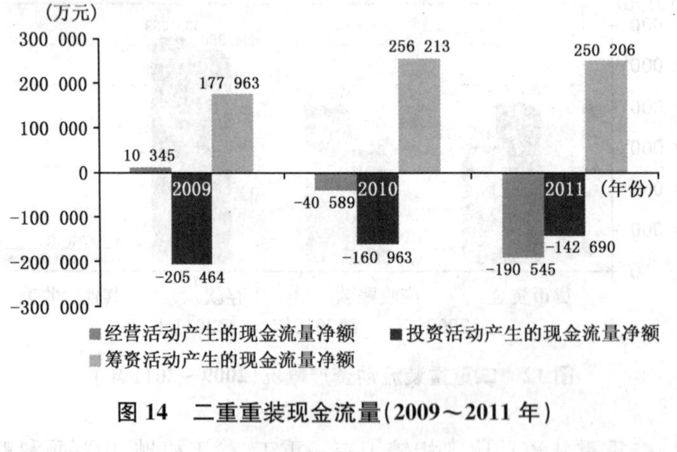

图14　二重重装现金流量(2009～2011年)

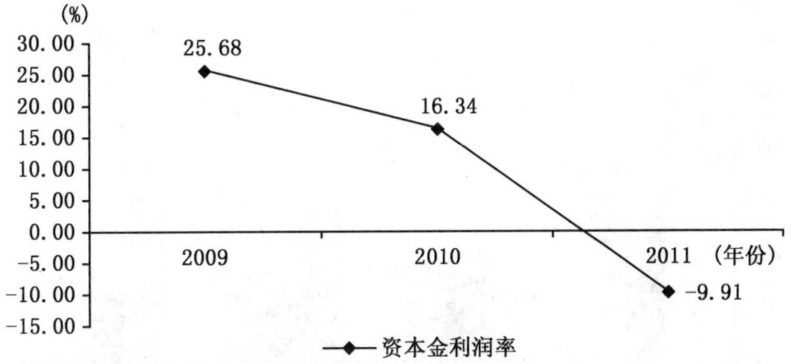

图 15　二重重装资本金利润率(2009～2011 年)

在现实中,二重重装走的却是不惜降低公司价值,不断向银行筹资,这又是为何?通过对比经营活动产生的现金流量净额我们找到问题的根源,经营现金流量负额不断加大,对固定资产投资不断加大,使得二重重装不断面临资金压力,在资本市场得不到资本投入而不得不采取不断借款,这种饮鸩止渴的方式保证企业的正常运行,这似乎能缓解企业暂时的运营压力,但对于企业的长期发展却是极为不利的。

二重重装经营业绩不仅影响到其短期的偿债能力,同样对于其长期的偿债能力也是一种负担,如图 16、图 17 所示。

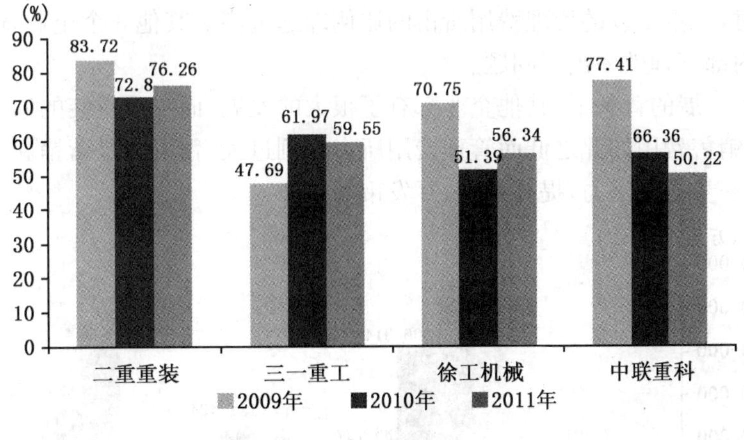

图 16　资产负债率对比(2009～2011 年)

从两个重要长期偿债能力指标我们可以看出,二重重装受累于业绩原因,其负债率显著高于同行业公司,过高的财务杠杆率不仅使企业承担较高的利率,更是会给企业带来过

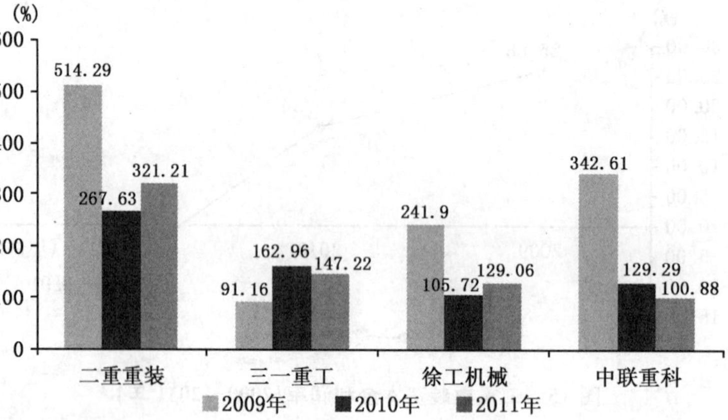

图 17　负债与所有者权益比率对比(2009～2011 年)

高的财务杠杆,影响企业的长远发展。

3.营运效率分析

如图 18、图 19 所示,从二重重装的三大期间费用即管理费用、销售费用、财务费用的管理水平来看,财务费用相对较好,主要问题就出在销售费用和管理费用,公司的销售费用的比例和数额远低于同行业其他企业,是因为其销售费用控制较好,还是公司对销售的投入不够?

与此同时,二重重装的管理费用所占的比例却远远高于其他 3 个企业,这似乎暴露了二重重装的内部管理效率出现问题。

在行业大发展的背景下,其他企业都有了很大的发展,而二重重装的销售业绩却没有什么进步,其销售费用如此之低而管理费用所占比例过大,很可能是营销和管理方面出了问题,未能进一步挖掘潜力,提高效率,开发市场。

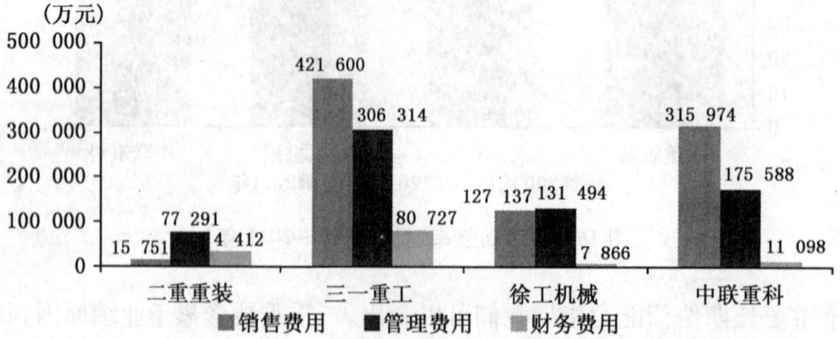

图 18　2011 年三大费用量对比

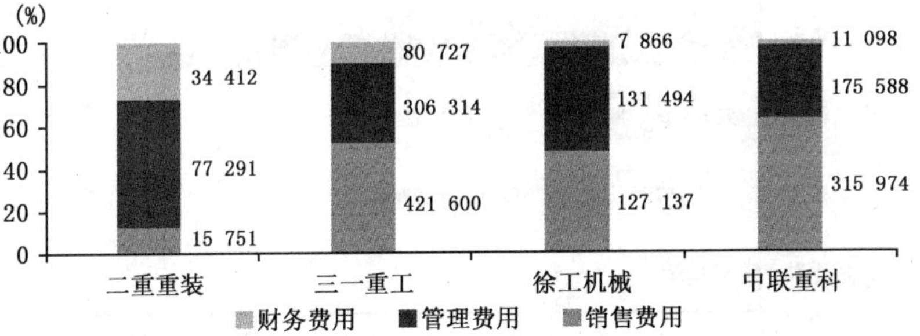

图 19　2011 年三大费用百分比对比

此外，二重重装在资产管理效率上也表现一般，利用现有资产创造收益方面能力不强。其存货周转率、应收账款周转率、固定资产周转率、总资产周转率等比较如图 20、图 21、图 22、图 23 所示。

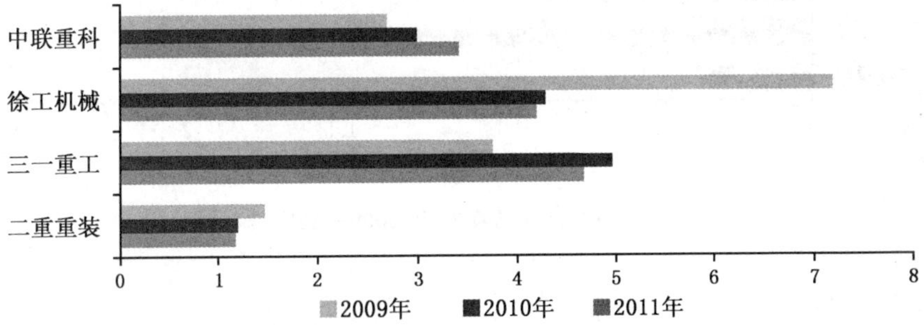

图 20　存货周转率对比(2009～2011 年)

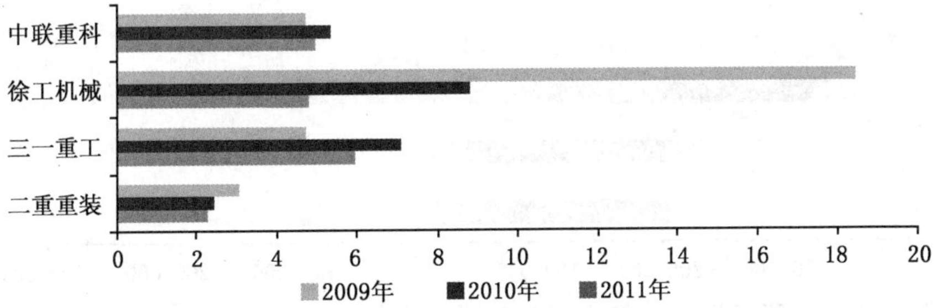

图 21　应收账款周转率对比(2009～2011 年)

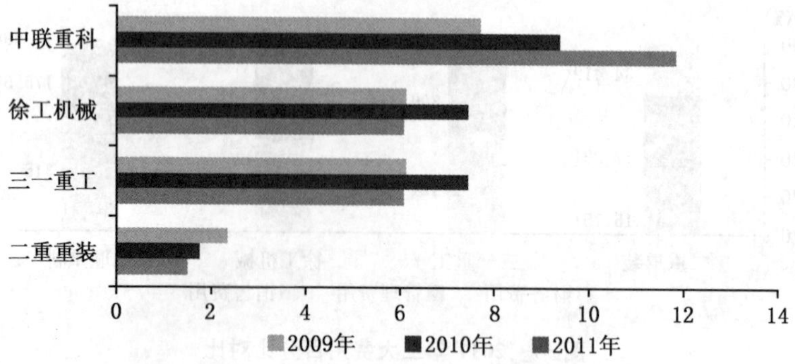

图 22　固定资产周转率对比(2009～2011 年)

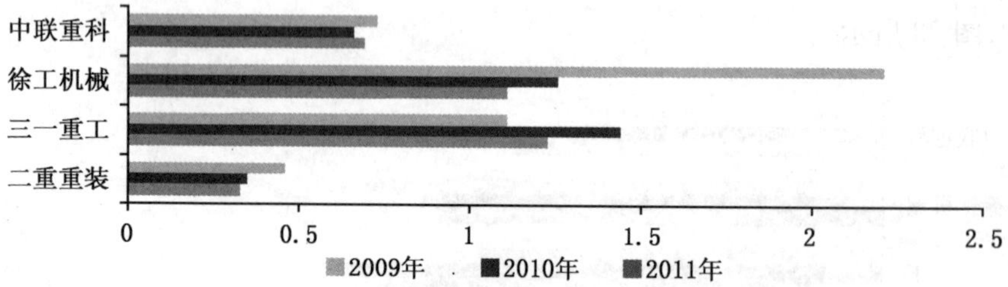

图 23　总资产周转率对比(2009～2011 年)

4.现金流动分析

现金至尊。现金是一个企业的生命力,即使是账面业绩优秀的公司,如果其现金流短缺也是相当危险的。那么,二重重装的现金流又如何呢?

请看下面的分析比较图(见图 24、图 25、图 26、图 27):

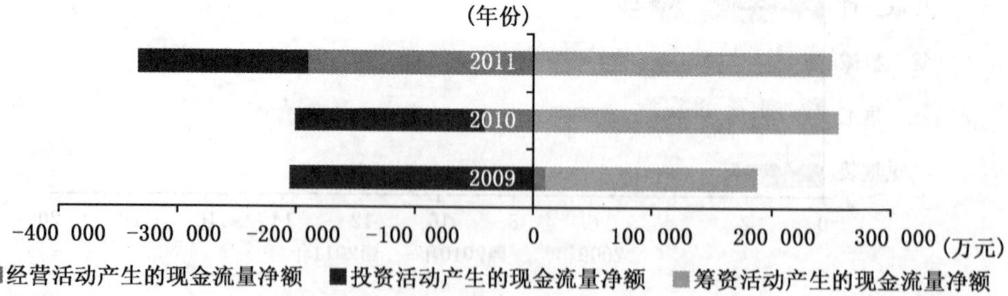

图 24　二重重装现金流量构成(2009～2011 年)

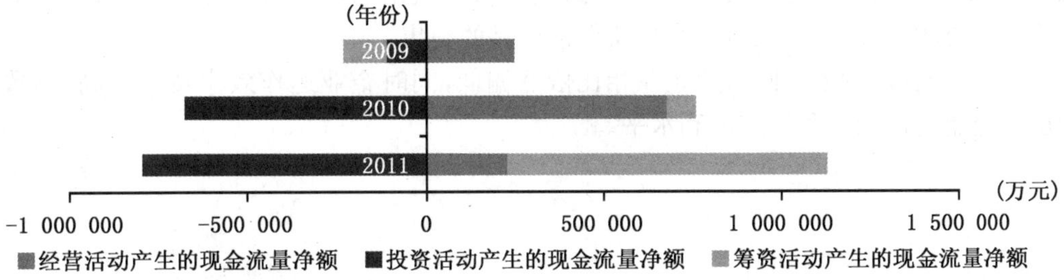

图 25　三一重工现金流量构成(2009～2011 年)

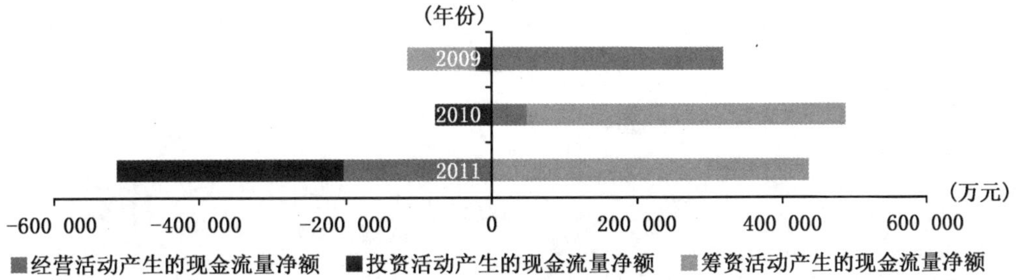

图 26　徐工机械现金流量构成(2009～2011 年)

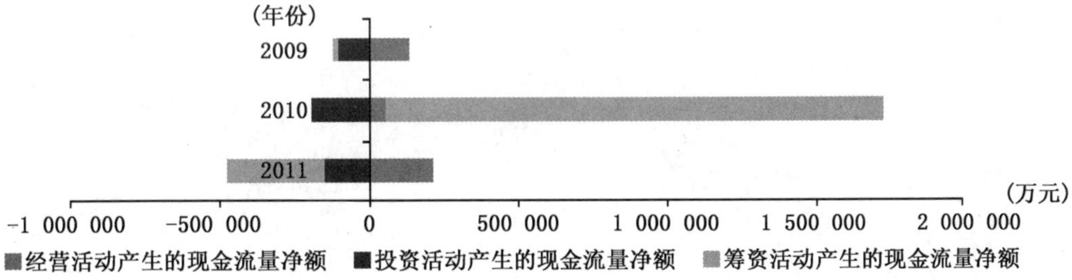

图 27　中联重科现金流量构成(2009～2011 年)

由图中可见,与其他 3 个企业不同,二重重装的经营现金流量成逐年下降的趋势而筹资现金流量则在增多,这给我们传递了一个不好的信号:二重重装产品销售出现的严重的问题,企业只能通过不断对外筹资才能满足自身的正常的运转,这给企业长期有序的发展埋下了隐患,二重重装需要采取切实有用的提高销售的方法才能使自己摆脱目前的困境。

综上所述,二重重装公司目前存在的主要问题表现为:

(1)经营成本过高,从而导致企业资产的盈利能力相对较弱。

(2)企业的销售存在重大的问题,导致企业入不敷出,只能通过外部筹资来获得继续经营所需要的资金,当务之急应当尽快促进产品的销售。

(3)资产管理效率与同行业企业相比依然偏低,同时企业运作效率费用偏高,导致未能提高企业营运能力和资产盈利水平。

(撰稿:张其秀、戴斌)